Inserción laboral, sensibilización medioambiental y en la igualdad de género

Soledad Carrasco Fernández • Noa González Borrajo • Ernesto Díaz Otero

Paraninfo

Inserción laboral, sensibilización medioambiental y en la igualdad de género

Soledad Carrasco Fernández • Noa González Borrajo • Ernesto Díaz Otero

Paraninfo

© 2024 Ediciones Paraninfo, S. A.
© 2024 Soledad Carrasco Fernández
    Noa González Borrajo
    Ernesto Díaz Otero

Edición y maquetación: Ediciones Nobel, S. A.

Impresión: Gráficas Summa (Llanera, Asturias)
ISBN: 978-84-283-6779-0
Depósito legal: M-23246-2024

Impreso en España

Soledad Carrasco Fernández. Profesora de Formación Profesional desde 1985, es licenciada en Derecho por la UNED.

Funcionaria de carrera en la Familia Profesional de Administración y Gestión, ha desarrollado su labor profesional en institutos de enseñanza pública de Extremadura, Baleares y Madrid. En la actualidad imparte clases en el IES Luis Buñuel de Móstoles.

En los últimos años imparte de manera preferente los Módulos Profesionales de Comunicación, Gestión Comercial y Atención al cliente en los ciclos de Grado Medio y Grado Superior.

Es tutora de Formación en Centros de Trabajo desde 1999, por lo que colabora en la inserción laboral del alumnado con grandes empresas y pymes asentadas en la Comunidad de Madrid.

Asimismo, es autora de otros libros y manuales profesionales publicados por esta editorial sobre Administración y Gestión, y responsable de la elaboración de contenidos multimedia de Comunicación y Atención al Cliente para la Consejería de Educación de la Comunidad de Madrid.

Noa González Borrajo. Máster en conservación y educación y doctora en biología, participa en proyectos de estudio de grandes mamíferos, de educación ambiental y de gestión de proyectos.

Ernesto Díaz Otero. Naturalista asturiano, dirige la empresa La Jurbial Servicios Ambientales. Ha trabajado durante los últimos 30 años en diversos proyectos y entidades de conservación y divulgación de la biodiversidad.

Índice

1. Inserción laboral

La inserción laboral es el proceso necesario para que una persona pueda conseguir un empleo y forjarse una carrera profesional.

Esta carrera se desarrollará en el ámbito empresarial, bien por cuenta propia, o bien por cuenta ajena y, por tanto, el primer paso será la identificación y conocimiento del entorno laboral para reconocer dónde se encuentran las mayores posibilidades de un puesto de trabajo acorde a los conocimientos, intereses o habilidades. El siguiente paso es conocer el funcionamiento de los procesos de selección y con qué medios e instrumentos se cuenta para acceder a ellos.

1.1. SITUACIÓN Y TENDENCIAS DEL SECTOR PRODUCTIVO OBJETO DE FORMACIÓN

Existe una relación directa entre los factores que afectan al entorno empresarial y su impacto en los mercados de trabajo: los cambios demográficos y sociales, la digitalización y el desarrollo tecnológico, o el cambio climático y la globalización, se entrelazan además con un conjunto de crisis económicas, sanitarias o energéticas, cuyas consecuencias se expresan tanto a nivel global como en los entornos más locales y próximos.

En este contexto, el ámbito laboral se ha convertido en un elemento central, en el que se han acelerado los cambios y transformaciones, que es necesario reconocer y analizar, sobre todo, en los momentos de búsqueda de empleo.

Con el fin de identificar el entorno laboral de cada momento, es decir, la **coyuntura del mercado de trabajo y las tendencias,** existen diversas vías donde puede encontrarse la información necesaria con estadísticas e informes. Entidades de ámbito público y privado ofrecen con regularidad diversas publicaciones acerca de la situación del mercado de trabajo.

El organismo público por excelencia dedicado a la elaboración de informes, estadísticas, análisis y, en general, información sobre el mercado de trabajo es el SEPE a través del **Observatorio de las Ocupaciones.**

El Servicio Público de Empleo Estatal (SEPE) es un organismo autónomo adscrito al Ministerio de Trabajo y Economía Social. El SEPE, junto con los Servicios Públicos de Empleo de las comunidades autónomas, forman el Sistema Nacional de Empleo con el fin de contribuir al desarrollo de la política de empleo, gestionar el sistema de protección por desempleo y garantizar la información sobre el mercado de trabajo.

SEPE:
https://www.sepe.es

OBSERVATORIO DE LAS OCUPACIONES:
https://sepe.es/HomeSepe/que-es-el-sepe/que-es-observatorio.html

Las principales publicaciones que ofrece el Observatorio de las Ocupaciones son las siguientes:

- **Informes anuales estatales generales,** que presentan las principales variables que componen el mercado laboral, con la finalidad de exponer, tanto la situación actual como los posibles cambios coyunturales y estructurales que se puedan producir en el mismo. A continuación, detallamos algunos de los contenidos de los informes:

  — Información socioeconómica.

  — Datos de afiliación a la Seguridad Social.

  — Demandas de empleo y paro registrado.

  — Mercado de trabajo de las ocupaciones.

  — Tendencias del mercado de trabajo.

- **Informes anuales estatales de colectivos** de especial interés para el empleo: jóvenes menores de treinta años, mujeres, personas con discapacidad, extranjeros y mayores de cuarenta y cinco años.

- **Referentes del mercado de trabajo:** información mensual y anual con los datos más relevantes sobre contratación y desempleo.

- **Boletín Trimestral del Mercado de Trabajo (BTM),** que ofrece información cuantitativa de carácter estatal, autonómico y provincial sobre cifras y variaciones de los principales indicadores del mercado laboral.

En el ámbito privado, son varias las instituciones que elaboran este tipo de información, a la que se puede acceder desde sus páginas web, con publicaciones en abierto. En el siguiente cuadro destacamos algunas de las principales y sus últimos informes:

Figura 1.1. El Observatorio de las Ocupaciones elabora publicaciones sobre la situación del mercado de trabajo. Portada del último informe sobre tendencias del mercado de trabajo.

El demandante de empleo puede utilizar esta información, así como el resto de la ofrecida en los informes, para ajustar su perfil a las profesiones más demandadas, una vez que se conoce cuáles son estas.

La información acerca del comportamiento y tendencias del mercado laboral se dispone según varias áreas de observación. Así, podemos analizar el mercado laboral por rangos de edad, por comunidades autónomas y, el ámbito de estudio más relevante, por **sectores profesionales**.

El mercado laboral es el espacio donde se encuentran empresas que demandan trabajadores y personas que buscan empleo. El mercado laboral se divide en sectores profesionales y cada uno de ellos engloba un conjunto de actividades determinadas. Algunos ejemplos de sectores profesionales son la hostelería, la industria, la logística o la sanidad. Cada sector ofrece diferentes tipos de ofertas. Por ejemplo, el sector logístico demanda empleos de almacén o transporte.

Conocer los sectores, macrosectores (ver Figura 1.2) y subsectores, es fundamental tanto para comprender las estadísticas de las tendencias del mercado como para localizar los cursos de formación específicos por sectores. Existen planes de formación dirigidos a personas autónomas, planes de formación sectoriales dirigidos a personas trabajadoras por cuenta ajena o en ERTE, que quieran formarse en competencias relacionadas con su sector o planes de formación para cualquier sector laboral (intersectoriales), pensados para aquellos profesionales interesados en formarse en áreas distintas a su sector actual.

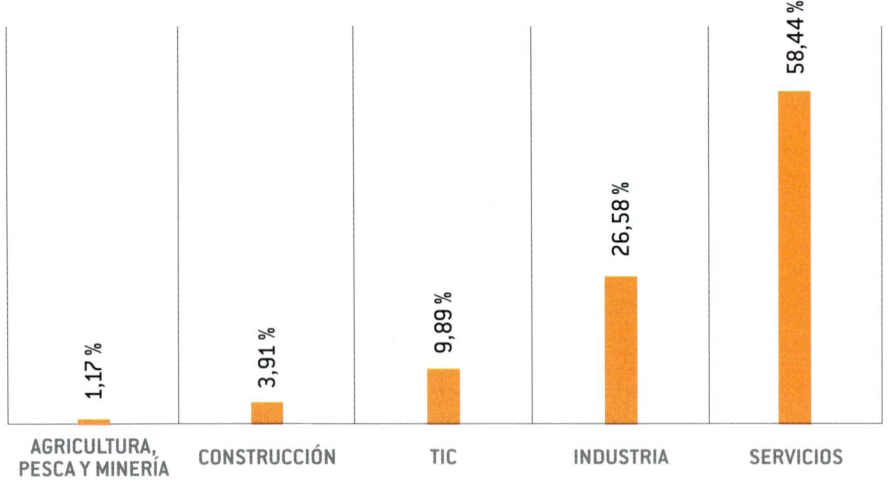

OFERTAS DE EMPLEO EN ESPAÑA POR MACROSECTORES ECONÓMICOS

AGRICULTURA, PESCA Y MINERÍA	CONSTRUCCIÓN	TIC	INDUSTRIA	SERVICIOS
1,17 %	3,91 %	9,89 %	26,58 %	58,44 %

Figura 1.2. Elaboración propia con datos del informe Infoempleo/Adecco para 2022. Porcentaje de ofertas laborales por macrosectores.

La formación estatal sectorial se dirige a personas trabajadoras de un sector profesional concreto (educación, comercio, hostelería y turismo...) y es un requisito indispensable, establecido en la convocatoria a la que pertenece, que hay que cumplir para poder acceder a este tipo de cursos.

El estudio más completo sobre la evolución del mercado laboral se encuentra en la publicación «Tendencias del mercado del trabajo en España» del Observatorio de las Ocupaciones. En este estudio se presentan algunas conclusiones como:

- Las cuatro secciones de actividad económica mejor posicionadas en el mercado de trabajo son hostelería; comercio al mayor, menor y reparación de vehículos; industria manufacturera y actividades administrativas.

- Las actividades con mayor peso de contratación son servicios de comidas y bebidas, comercio al por menor, servicios de alojamiento y educación.

- Los datos de afiliación y contratación avalan la recuperación del sector servicios, y se están alcanzando los niveles previos a la pandemia. Aumenta la entrada de turismo internacional, la ocupación hotelera y los servicios de comidas y bebidas.

En los informes ofrecidos por entidades privadas, también se encuentran datos significativos en cuanto a la evolución del mercado del trabajo. Por ejemplo, según el último informe de InfoJobs-Esade **«Estado del mercado laboral en España 2023»** el *ranking* de puestos con más vacantes es el siguiente:

1. Teleoperador
2. Agente inmobiliario/a
3. Mozo/a de almacén
4. Dependiente/a
5. Delegado/a comercial
6. Conductor/a de vehículo de reparto
7. Camarero/a
8. Peón/a de la industria manufacturera
9. Asistente de departamento de ventas
10. Operador/a de carretilla elevadora
11. Agente de servicio de atención al cliente
12. Administrativo/a
13. Enfermero/a
14. Cocinero/a
15. Azafato/a de eventos
16. Conductor/a de camiones pesados

17. Empleado/a de mantenimiento
18. Vigilante de seguridad
19. Contable
20. Analista IT *(Information Technology)*

Por otro lado, y según lo mostrado en los distintos informes, las tendencias laborales que harán que tanto empresas como trabajadores tengan que adaptarse si quieren seguir formando parte del mercado de trabajo son las siguientes:

1. **Formación y adaptabilidad.** Se requerirá más formación en competencias transversales, como liderazgo, pensamiento crítico, comunicación y gestión del cambio, y competencias digitales que permitan adaptarse a los diferentes tipos de trabajo y a las demandas de cada sector.

2. **Transformación digital permanente.** Las empresas acelerarán la digitalización de sus procesos laborales y la automatización del trabajo. Esto contribuirá a la extinción de algunos empleos y los que se mantengan requerirán nuevas habilidades y formas de trabajar.

3. **Desaparición de los empleos rutinarios y repetitivos.** El auge de las nuevas tecnologías hará que la mitad de los empleos los ocupen las máquinas. Las habilidades de alto nivel serán cada vez más importantes, en detrimento de las manuales y físicas.

4. **Temporalidad y externalización de servicios.** El empleo estable será poco frecuente y la búsqueda de nuevas oportunidades laborales será constante. Además, las empresas buscarán reducir el personal fijo contratando trabajadores autónomos cuando sea necesario.

5. **Flexibilidad laboral.** El teletrabajo, total o parcial, y los horarios flexibles serán medidas que permitirán compaginar de mejor manera la vida personal, familiar y laboral de los empleados. Consistirá en encontrar un equilibrio entre los intereses del trabajador y de la empresa en que ambas partes salgan beneficiadas.

Profesiones más demandadas y competencias requeridas

El impacto de los avances tecnológicos en el mercado laboral requiere perfiles profesionales polivalentes capaces de adaptarse a los nuevos y futuros puestos de trabajo. Destacamos, por tanto, los principales aspectos que caracterizarán los empleos del futuro y que contribuirán al desarrollo profesional:

• Necesidad de **formación continua.** La actualización de los conocimientos será indispensable para mantener el puesto de trabajo.

- Desarrollo de **competencias transversales**. Para progresar profesionalmente, además de las competencias técnicas, las transversales tendrán mucho valor en el perfil profesional. Competencias como el pensamiento crítico, la adaptabilidad, la proactividad y el trabajo en equipo son muy valoradas.

- **Adaptación y flexibilidad**. La carrera profesional lineal dejará de existir y las personas cambiarán más frecuentemente de empleo. Se precisarán perfiles profesionales flexibles que se sepan adaptar a los cambios.

- Desarrollo de **competencias digitales**. Las competencias tecnológicas serán imprescindibles para cualquier profesional. La tecnología estará presente en todos los procesos productivos y de gestión, y generará nuevas profesiones.

- Dominio de **idiomas**. Muchos puestos de trabajo exigirán dominar varios idiomas, especialmente el inglés, para su desempeño.

- **Nuevas modalidades** de trabajo. El teletrabajo, las áreas coworking y los horarios flexibles serán algunas de estas modalidades.

El *coworking* es un espacio de **trabajo compartido**, en el que se ofrecen los servicios e infraestructuras de una oficina tradicional a cambio de una cuota mensual. Estas instalaciones incluyen también salas de juntas o salas de proyección. Es la opción preferente para aquellas personas que solo necesitan un ordenador y conexión a Internet para trabajar.

En términos generales, y según los estudios de las entidades mencionadas anteriormente, **los sectores que en España generan más demanda** actualmente son los siguientes:

- **Sector sociosanitario.** A raíz de la pandemia, ha aumentado de modo muy significativo la demanda de personal de atención en residencias, personal de enfermería, etcétera.

- **Sector logístico.** Debido al auge del comercio electrónico y las compras *online,* cada vez existe más demanda de mozos de almacén, transportistas o preparadores de pedidos.

- **Sector informático y telecomunicaciones.** Existe una importante demanda de personal de soporte técnico, análisis de datos, ciberseguridad, desarrollo web, *software,* etcétera.

- **Atención al cliente.** Se demandan dependientes, teleoperadores, comerciales, etcétera.

- **Sector de limpieza especializada.** Esta área siempre genera demanda, que se ha visto reforzada tras la pandemia. Está en aumento la necesidad de operarios y profesionales de limpieza.

1.2. DESARROLLO DE ESTRATEGIAS PERSONALES PROPIAS PARA LA BÚSQUEDA DE TRABAJO

Actualmente, existe una gran variedad de profesiones, y en el futuro aparecerán muchas más. Por ello, es importante analizar e investigar todas las oportunidades que existen o podrían existir, y así encontrar la profesión que mejor responda a los intereses y aptitudes de las personas demandantes de empleo.

El primer paso para encontrar el objetivo profesional es realizar un **análisis personal y del entorno.**

Aspectos personales ⟶ Autoconocimiento
Aspectos del entorno ⟶ Conocimiento del puesto de trabajo

1.2.1. Autoconocimiento

La definición del objetivo profesional empieza por el autoconocimiento, es decir, saber cuáles son las competencias, valores profesionales, intereses profesionales y características personales. Conocer estos aspectos contribuye a identificar qué trabajos se pueden desempeñar, qué profesión es más acorde con nuestros gustos o qué competencias deberían mejorarse.

El autoconocimiento es el potencial de tomar conciencia de nuestras aptitudes para desempeñar una determinada tarea, así como conocer nuestros propios límites y necesidades.

> **Necesitas poseer un adecuado conocimiento de ti mismo para descubrir tu verdadera vocación.** Es necesario que identifiques claramente qué profesión o trabajo te gustaría ejercer en un futuro y que tus preferencias vocacionales coincidan con tus capacidades reales para desarrollar la carrera elegida.

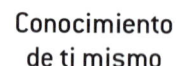

Conocimiento de ti mismo

Conocimiento de las profesiones

COMPETENCIAS

Las competencias son los conocimientos y habilidades que se poseen y pueden adquirirse a través de la experiencia laboral, los estudios o actividades no formales.

El Observatorio de las Ocupaciones ha desarrollado un estudio centrado en las denominadas competencias personales, también llamadas soft skills o competencias blandas.

Tabla 1.1. Competencias generales del individuo

COMPETENCIAS	
COMPETENCIAS PERSONALES *SOFT SKILLS*	**COMPETENCIAS TÉCNICAS** *HARD SKILLS*
Aprender a aprender	Competencia técnica
Capacidad de análisis	Conocimiento de procedimientos
Comportamiento ético y respeto de los valores de la empresa	Dominio del funcionamiento de maquinaria y herramienta
Gestión de equipos y liderazgo	Titulación

Fuente: Observatorio de las Ocupaciones.

Las competencias personales tienen relevancia porque un mercado laboral cambiante requiere competencias que no solo se basen en conocimientos y destrezas profesionales, sino que incluyen también aquellas otras que se muestran como imprescindibles para lograr un óptimo desarrollo profesional.

En definitiva, para garantizar el desempeño eficiente de una ocupación ya no basta con adquirir los conocimientos técnicos y teóricos, sino que también es necesario disponer de una serie de habilidades personales, actitudes y aptitudes de carácter transversal, que facilitarán al trabajador o trabajadora una mayor autonomía y flexibilidad a la hora de afrontar y resolver los problemas y retos profesionales, independientemente del puesto o de la empresa en la que se encuentre en cada momento.

Tabla 1.2. Competencias personales

COMPETENCIAS PERSONALES	
COMUNICACIÓN	• Comunicación verbal y no verbal • Escucha activa • Hablar en público
CREATIVIDAD	• Innovación • Pensamiento crítico y creativo • Solución de problemas

COMPETENCIAS PERSONALES	
LIDERAZGO	• Asunción de riesgos • Colaboración • Dinamización de equipos • Motivación • Negociación • Toma de decisiones
HABILIDADES PERSONALES	• Adaptabilidad • Autocontrol • Capacidad de aprendizaje • Empatía • Entusiasmo • Positividad • Resiliencia

Fuente: Observatorio de las Ocupaciones.

Asimismo, el Observatorio de las Ocupaciones del SEPE ha realizado un informe («13 competencias claves para el empleo») para dar a conocer las competencias personales para el empleo más demandadas en el mercado de trabajo a la ciudadanía y permitirá su autoevaluación. Estas competencias han sido seleccionadas a través del análisis de miles de ofertas de empleo y se han definido partir del referente de la Clasificación ESCO *(European Skills, Competences, Qualifications and Occupations)*.

Las competencias clave según esta clasificación adaptada a la nomenclatura de la Unión Europea (UE) son las siguientes:

1. Procesamiento de información, ideas y conceptos

2. Planificación y organización

3. Hacer frente a los problemas

4. Pensar de manera innovadora

5. Trabajar eficientemente

6. Adoptar un enfoque proactivo

7. Mantener una actitud positiva

8. Demostrar disposición para aprender

9. Comunicar

| 10. Apoyar a los demás |
| 11. Colaborar en equipos y redes |
| 12. Liderar a otros |
| 13. Seguimiento del código ético de conducta |

El mencionado informe contiene el cuestionario «ComPersonal: Cuestionario de autodiagnóstico en competencias personales para el empleo», que proporciona un perfil personalizado en aquellas competencias, no tan ligadas a titulaciones o puestos de trabajo concretos, sino con actitudes personales y transversales. Puedes acceder al informe y al cuestionario en el siguiente enlace:

Competencias Claves para el Empleo: Cuestionario de autodiagnóstico de competencias personales (sepe.es)

COMPETENCIAS SEGÚN NECESIDADES FORMATIVAS

- PROACTIVIDAD: 11,29 %
- TRABAJAR EN EQUIPO: 10,62 %
- MOSTRAR COMPROMISO: 9,60 %
- IDENTIFICAR PROBLEMAS: 8,93 %
- MOSTRAR INICIATIVA: 8,84 %
- PENSAR CREATIVAMENTE: 7,31 %
- PLANIFICACIÓN Y ORGANIZACIÓN: 5,03 %
- SIN CLASIFICAR: 3,92 %
- MANEJO DEL ESTRÉS: 2,58 %
- ASUMIR RESPONSABILIDAD: 2,56 %
- RESPONDER PROBLEMAS: 2,32 %
- RESOLVER CONFLICTOS: 2,05 %

Figura 1.3. Distribución porcentual de las competencias según necesidades formativas. Elaboración propia según datos del Observatorio de las Ocupaciones.

VALORES PROFESIONALES

Los valores profesionales son aquellos aspectos de un trabajo significativos para uno mismo, como la estabilidad laboral, desempeñar funciones creativas o la flexibilidad horaria. Los valores profesionales evolucionan constantemente, contribuyen al bienestar personal y, como el resto de valores personales, son muy **subjetivos**.

- Valores profesionales relacionados con la creatividad y el desarrollo profesional: prestigio, independencia, responsabilidad, poder desarrollar nuevas ideas y teorías, etcétera.

- Valores profesionales relacionados con el trabajo y sus características: variedad, trabajo rutinario, trabajo físico, trabajo intelectual, flexibilidad horaria, trabajar en equipo o trabajar de forma autónoma, por ejemplo.

- Valores profesionales relacionados con la empresa: remuneración económica, reconocimiento del rendimiento en el trabajo, identificación con los valores de la organización, etcétera.

- Valores profesionales relacionados con el ambiente y la gestión en el lugar de trabajo: buen ambiente, estabilidad laboral, tamaño de la empresa o política de responsabilidad social corporativa.

INTERESES PROFESIONALES

Los intereses son todo aquello que gusta hacer, independientemente de que se trate de una actividad física, intelectual, creativa o de otra naturaleza. Los intereses determinan las elecciones profesionales.

Los intereses, al igual que los valores, son algo muy subjetivo. A unas personas les gusta manejar instrumentos o maquinaria, otras prefieren actividades que impliquen ayudar a los demás, habrá quien prefiera dedicarse a actividades artísticas y quien se incline por trabajar con datos y archivos. De lo que se trata es de identificar esos intereses y aplicarlos en la medida de lo posible a los objetivos profesionales.

CARACTERÍSTICAS PERSONALES

Existe una serie de rasgos de personalidad que favorece el ejercicio de una profesión. Estos rasgos de personalidad son los que definen el carácter e influirán en el desempeño de las labores profesionales.

En el siguiente enlace podrás encontrar un test de autoconocimiento:
https://www.psicoactiva.com/test/test-de-autoconocimiento.htm

En las entrevistas de trabajo suele pedirse que uno se defina a sí mismo. Para ello, conviene conocer cuáles son esas características personales que nos definen. Por ejemplo: ser amable, reflexivo, impaciente, perseverante, ambicioso, creativo, leal, honesto, entusiasta, optimista, cuidadoso, comprensivo, etcétera.

1.2.2. Conocimiento del puesto de trabajo

Una vez definido el perfil personal mediante las actividades de autoconocimiento, procede investigar sobre los puestos de trabajo más atrayentes y que mejor se adaptan a las características personales. Para cada uno de esos puestos, debemos conocer los siguientes aspectos:

- Características del trabajo: actividades, funciones, responsabilidades.

- Titulación académica y experiencia profesional que se requieren para el desempeño del trabajo.

- Competencias profesionales requeridas.

- Condiciones laborales generales: retribución, horarios, formación, etcétera.

- Empleabilidad, es decir, situación dentro del mercado laboral en cuanto a niveles de ocupación o contrataciones.

Cuando esté establecido el objetivo profesional, puede comenzar el proceso de búsqueda de empleo. Es posible que, en primer lugar, deban mejorarse las competencias o que se tengan que relegar algunos intereses personales.

Los objetivos profesionales y personales pueden incluirse en lo que se denomina «objetivo de currículum», al que también se conoce como objetivo de carrera.

Un objetivo de currículum es una descripción general de las metas profesionales que tiene una persona a corto, medio o largo plazo con una breve explicación del motivo por el cual busca empleo. A través del objetivo de currículum se transmiten las habilidades y expectativas profesionales.

Con frecuencia, el objetivo de currículum se ubica en la parte superior del *currículum vitae* (CV) para captar la atención de la persona encargada de la selección y también para dejar claras las aspiraciones del profesional.

1.3. BUSCAR TRABAJO CON AGENDA

La búsqueda de empleo debe llevarse a cabo mediante una estrategia que contemple una serie de pasos que quedarán reflejados en una agenda de seguimiento. De este modo, podrá realizarse un control pormenorizado y actualizado de las acciones llevadas a cabo, y la labor de búsqueda de trabajo será más eficiente.

En la siguiente tabla mostramos los distintos pasos y acciones que se deben realizar en una estrategia de búsqueda de empleo.

Tabla 1.3. Pasos de la estrategia de búsqueda de empleo

1. Identifica los puestos de trabajo que puedes o quieres desempeñar	Haz una lista de tus anteriores trabajos y de las habilidades que hayas adquirido. Identifica las profesiones que encajan con tu formación y tu talento para definir tu objetivo laboral.
2. Identifica posibles empresas	Informa a tus familiares, amigos y conocidos de que estás buscando trabajo y pídeles que te ayuden a difundirlo. Acude a una oficina de empleo y busca puestos de trabajo vacantes o pide asesoramiento a un profesional. Utiliza otras fuentes para obtener información sobre empresas y trabajos que se ajusten a tu perfil (portales de empleo *online*, páginas web de empresas, anuncios, etcétera).
3. Prepara el material para la presentación: CV, carta de presentación y otros documentos	Prepara un currículum y una carta de presentación ajustados a los puestos de trabajo seleccionados. Revisa el CV y las cartas de presentación con una persona experimentada. Prepara cualquier otra documentación que pueda ser necesaria: títulos, cartas de recomendación y certificados si es el caso.
4. Planifica el tiempo	Planifica cuánto tiempo invertirás al día en consultar ofertas, escribir cartas de presentación, adaptar el currículum a la oferta, etcétera. Establece un horario de búsqueda de empleo como si fuese un trabajo regular. Emplea como mínimo seis horas al día. Concédete una pequeña recompensa tras cada día de búsqueda de trabajo.

5. Busca puestos vacantes de forma activa	Realiza una autocandidatura: ponte en contacto directamente con las empresas, aunque no hayan anunciado ningún puesto vacante.
	Haz una lista de las empresas y personas con las que has contactado, incluyendo los detalles de contacto y el puesto. Apunta minuciosamente todas las fechas de envío de solicitudes, cuándo y cómo recibiste respuesta, cuándo se planificó la entrevista, el nombre de la persona que te invitó a dicha entrevista, etc. Es difícil recordar estos detalles en momentos posteriores.
	Anota cuál ha sido la respuesta de las empresas (tanto positivas como negativas).
6. Prepárate para una entrevista de trabajo	Recopila toda la información que sea posible acerca de la empresa que te ha concedido una entrevista de trabajo.
	Evalúa qué conocimientos y habilidades se adaptan mejor al puesto para el que te presentas.
	Practica las respuestas a posibles preguntas.
	Prepara todos los documentos escritos necesarios.
7. Acude a la entrevista de trabajo	Viste de forma adecuada para el puesto.
	Sé amable, positivo y con buenos ánimos.
	Da las gracias a la persona responsable del departamento de recursos humanos (RR. HH.) por concederte su tiempo.
8. Evalúa la entrevista	Envía un correo electrónico de agradecimiento dentro de un periodo de veinticuatro horas después de la entrevista.
	Reflexiona acerca de lo que podrías mejorar para la próxima ocasión.
9. Revisa el material de presentación	Revisa tu CV y adapta la carta de presentación de forma periódica.
10. Acepta la oferta de trabajo	Si recibes una oferta de trabajo, considera detenidamente todas las circunstancias, las funciones que desempeñarás, las obligaciones, las competencias requeridas para el puesto, el horario laboral, el salario, etcétera.
	Si tienes dudas, solicita un poco de tiempo para pensártelo o directamente pregunta sobre aquellos aspectos de los que deseas obtener más información.
	Si decides aceptar la oferta, lee detenidamente el contrato de trabajo.

Fuente: Educaweb.

RECOMENDACIONES PARA LLEVAR A CABO LA ESTRATEGIA

- No te presentes tan solo a los puestos de trabajo que se anuncian. Descubre el nombre, el cargo y la dirección de cualquier empresa de tu sector en la que tengas interés y envía tu autocandidatura.

- La actitud ha de ser la de un profesional que ofrece servicios y no la de una persona que suplica un puesto.

- Realiza un listado de personas (unas 20-25) entre contactos y familiares y envíales el currículum.

- Consigue las direcciones de correo electrónico de unas veinte empresas y envía la carta de presentación y el CV.

- Confecciona una **agenda de seguimiento**:

  Esta agenda será de gran utilidad para anotar los principales datos e información de contacto, así como en qué momento del proceso de búsqueda de empleo se encuentra la candidatura. La agenda permite hacer el proceso de búsqueda de empleo más controlado y comprobar la evolución con cada una de las empresas.

  La **estructura** de la agenda puede ser la de una tabla con columnas y filas diferenciadas entre sí, de modo que solo sea necesario rellenar los campos seleccionados y, sobre todo, que permita una visualización rápida y organizada de los datos recogidos.

  Los datos que debe recoger la agenda son:

  — Fecha de contacto.

  — Datos de la empresa. Nombre, teléfono, dirección de correo electrónico, persona de contacto, dirección postal, enlace a la página web, etcétera.

  — Momento del proceso de selección. Por ejemplo: CV enviado, entrevista realizada, entrevista concertada, etcétera.

  — Respuesta de los seleccionadores: aceptado, rechazado, sin respuesta, a la espera, etcétera.

  — Observaciones. Muy útiles sobre todo después de las entrevistas.

  Mantener la agenda al día es una acción que permite planificar mejor y realizar los cambios pertinentes en la estrategia.

  La agenda no es un instrumento rígido, sino que cada persona puede confeccionarla de la manera que le sea más útil, independientemente del formato: agenda tradicional, dietario o utilizar tecnologías como agendas virtuales, Outlook, etcétera.

Tabla 1.4. Propuesta de modelo de agenda de búsqueda de empleo

Fecha	Empresa o entidad	Correo electrónico	Teléfono	Puesto	Persona de contacto	Resultado. Observaciones

1.4. CANALES DE EMPLEO

La búsqueda de empleo es una actividad intensa, e incluso puede resultar difícil saber por dónde empezar. Por tanto, es de suma importancia iniciar el proceso con un análisis de las motivaciones y necesidades personales para saber qué buscamos.

Una vez hecho este análisis, puede comenzar la búsqueda de empleo de manera más asertiva, con identificación clara de los intereses y los recursos donde puedan encajar estos intereses.

En este sentido, sería conveniente investigar acerca de las tendencias salariales y la demanda en el sector de interés. Asimismo, es preciso conocer las condiciones laborales que se está dispuesto a aceptar. Se deben analizar aspectos como los horarios, los desplazamientos, los tipos de contratos, la cultura organizacional y todo aquello que se considere de relevancia.

Realizados estos pasos, podemos destacar algunos de los principales recursos en la búsqueda de empleo:

- **Internet:** puede considerarse también un recurso en la búsqueda de empleo ya que, además de proporcionar información, es la puerta de acceso a la mayor parte del resto de recursos.

- **Contactos personales:** un amigo, un familiar o un antiguo compañero de trabajo pueden ayudar a conseguir empleo. Son personas que saben bien cuáles son los puntos fuertes con los que se cuenta. El primer paso para activar estos contactos es comentar que se está buscando trabajo y compartir los intereses y requisitos. A veces, la oportunidad está más cerca de lo que parece.

- *Networking:* el *networking* es un paso más en el recurso de los contactos. Llamamos networking a construir y aumentar una **red de contactos profesionales** de calidad, con el fin de establecer sinergias basadas en la confianza y en la ética, donde los profesionales aportan valor a la relación y ambas partes se benefician.

Según un estudio realizado el Grupo Adecco: «solo el 20 % de las ofertas de empleo que se generan en España es visible». Esto significa que el otro 80 % permanece en lo que se denomina **mercado oculto,** o no visible, de las ofertas de empleo.

El mercado oculto se compone de las ofertas de las empresas que prefieren no hacer públicas sus vacantes, y que acuden para cubrirlas a sus propias fuentes de reclutamiento, a intermediarios o a referencias de personas de su confianza. Por tanto, para ser encontrado y estar en ese 80 % de ofertas que se hace a través de referencias y contactos, es imprescindible activar y cultivar la red de contactos, es decir, hacer *networking.*

Estas son algunas de las recomendaciones para trabajar en una buena red de contactos:

— La red de contactos será mejor cuanto más diversa y heterogénea sea, cuantas más personas influyentes haya, cuanto más numerosa sea esa red y cuanto más se interactúe con los miembros.

— Entablar conversaciones: saber conversar construye buenas relaciones y las conversaciones son necesarias para acercarnos a nuestros grupos de interés.

Entablar conversaciones con confianza nos ayuda a enriquecer la red de contactos vinculada a nuestros objetivos profesionales. Sea de forma presencial o a través de plataformas digitales, las conversaciones son la esencia del *networking.* Uno de los modos de entablar conversaciones es a través de publicaciones en las redes sociales. De este modo se interactúa con los contactos que comparten intereses comunes.

Si no sabes cómo comenzar, haz preguntas. Las preguntas empiezan las conversaciones, las conversaciones crean relaciones, y las relaciones generan oportunidades.

• **Asociaciones profesionales.** La mayoría de los colegios profesionales tienen bolsas de empleo para sus afiliados. Allí pueden encontrarse contactos útiles y posibilidad de acceso a procesos de selección afines con los intereses profesionales.

• **Bolsas de empleo.** También las universidades, cámaras de comercio, gobiernos locales y grandes empresas tienen bolsas de empleo. Es conveniente revisarlas con regularidad y, a ser posible, registrarse y activar los avisos de nuevas ofertas.

• **Agencias de trabajo temporal (ETT) y agencias de colocación.** Una ETT actúa como intermediaria entre la empresa que necesita trabajadores y el trabajador que busca empleo. Las empresas clientes, también llamadas usuarias, contactan con la ETT para incorporar a uno o varios trabajadores de forma temporal, y esta se encarga de buscar al candidato más adecuado.

Para ello, disponen de una base de datos con currículums de diversos perfiles profesionales. Cuando la contratación del personal la realiza una ETT existe una triple relación laboral:

1. Entre el trabajador y la ETT. El trabajador es contratado por la ETT.

2. Entre la ETT y la empresa. Hay una relación mercantil: la ETT capta, forma y contrata a trabajadores para que desarrollen las funciones que la empresa usuaria del servicio necesita.

3. Entre la empresa y el trabajador existe una relación funcional, ya que el trabajador realiza sus funciones para la empresa.

   Para la empresa, una ETT ofrece agilidad en los procesos de selección. Para el trabajador, supone una plataforma que facilita la entrada o la reincorporación en el mercado laboral.

   Es importante remarcar que durante la prestación de los servicios en la empresa usuaria, los trabajadores cedidos tienen derecho a la aplicación de las **mismas condiciones de trabajo** (remuneración, duración de la jornada, horas extraordinarias, periodos de descanso, trabajo nocturno, vacaciones y días festivos) que les corresponderían de haber sido contratados directamente por la empresa usuaria para ocupar el mismo puesto de trabajo, según el convenio colectivo aplicable.

Principales ETT para buscar empleo

— **Adecco.** Consultora de recursos humanos que gestiona ofertas de empleo temporal a nivel nacional e internacional. Dispone de un gran volumen de ofertas en los diversos sectores profesionales. https://www.adecco group.com/es-es

— **Randstad.** Empresa de recursos humanos que gestiona ofertas de empleo a las que puedes acceder de forma *online* o a través de sus oficinas presencialmente. https://www.randstad.es/

— **Manpower.** Corporación internacional en las que se pueden consultar las ofertas de empleo temporal de manera *online* o presencialmente clasificándose en diferentes perfiles y sectores. Junto con Adecco y Randstad, conforma las ETT más importantes. https://www.manpower.es/es/

— **Ilunion.** Iniciativa de la Fundación ONCE para la inserción de personas con discapacidad. Se pueden encontrar ofertas de empleo del sector servicios, comercial, sociosanitario y turismo. https://www.ilunion.com/es

— **Synergie.** Consultora de recursos humanos que gestiona ofertas de empleo temporal y disponen de áreas especializadas según categoría profesional y sector. https://www.synergie.es/

— **Hays.** Consultoría de selección de personal que ofrece soluciones de trabajo temporal para perfiles cualificados. https://www.hays.es/

— **Meditempus.** Empresa de trabajo temporal con cobertura estatal. Sus subsecciones ofrecen empleo especializado en hostelería, atención al cliente e industria. https://www.meditempus.com/es

— **Quality Temporal.** Empresa de trabajo temporal con cobertura estatal. Las ofertas se organizan por provincias y sectores profesionales. https://qualitytemporal.com/

- *Headhunters.* De forma habitual, los procesos de selección para cargos directivos se gestionan a través de *headhunters,* también denominados cazatalentos. Estos profesionales gestionan los datos de candidatos con un alto perfil. Es posible solicitar sus servicios para recibir orientación personalizada acorde con tus intereses.

- **Autocandidatura.** Esta técnica consiste en presentarte personalmente, normalmente por correo electrónico enviando tu *curriculum vitae* y una carta de presentación a la empresa que interese sin responder a ninguna oferta previa.

    La ventaja es que el candidato escoge el momento y evita la competencia en el proceso.

    Si se opta por este medio de búsqueda de empleo, es importante informarse bien sobre la empresa y su actividad económica, y que el diseño del currículum se adapte al perfil de la empresa. Debe ir acompañado de una carta de presentación y también debe prepararse una posible entrevista.

- **Portales de búsqueda de empleo.** Los portales de búsqueda de empleo se han convertido en un medio básico para buscar trabajo. Son sitios web que integran la oferta y la demanda laboral existente en el mercado. En los portales de empleo se encuentran múltiples ofertas de diferentes empresas y, por tanto, es uno de los principales recursos para la búsqueda de empleo.

    Los portales de empleo también son usados por las empresas para encontrar profesionales que se adapten a sus ofertas y así poder cubrir sus vacantes.

    Dentro de los portales de empleo, podemos distinguir diferentes tipos. La primera clasificación se realiza entre **portales de empleo públicos y portales de empleo privados.**

    El **portal de empleo público** de ámbito estatal es **Empléate.** Es el portal del Ministerio de Trabajo y Economía Social que se ofrece a través del SEPE. Aquí se recopilan las ofertas de los servicios públicos de empleo de las comunidades autónomas y de otros portales privados destacados. Desde Empléate se puede realizar una interacción directa, libre, sencilla y gratuita entre los ofertantes y los demandantes de empleo.

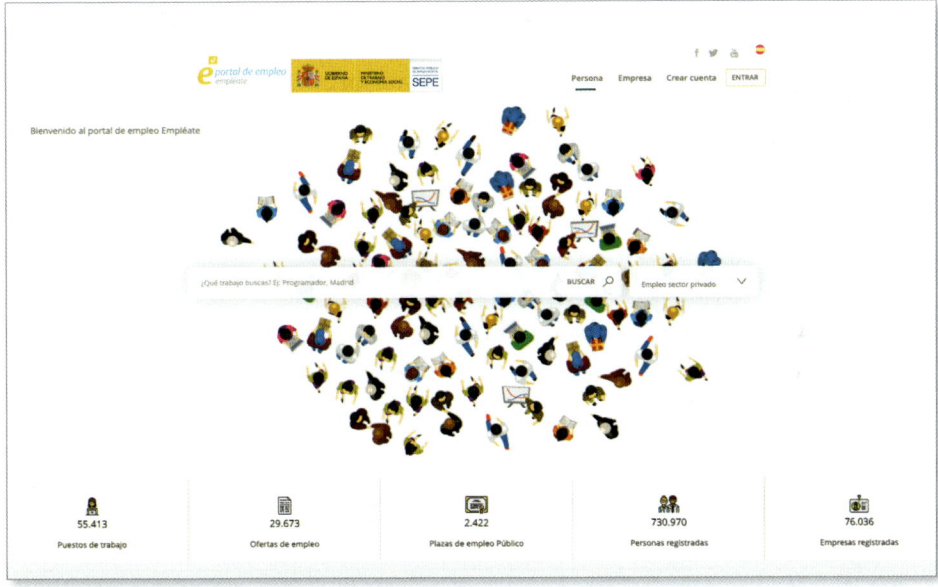

Figura 1.4. El Servicio Público de Empleo Estatal, SEPE, ofrece el portal de empleo Empléate a los ciudadanos y a las empresas.

Por otro lado, podemos diferenciar entre las siguientes clases de **portales de empleo privados:**

CLASES DE PORTALES DE EMPLEO		
Clase	**¿Qué son?**	**Ejemplos**
Metabuscadores	Los metabuscadores son motores de búsqueda específicos de empleo, es decir, rastrean solo en páginas de empleo. Facilitan encontrar la información en toda la red sin necesidad de acudir a cada una de las páginas de empleo.	• Indeed • SimplyHired • Glassdoor

CLASES DE PORTALES DE EMPLEO		
Clase	**¿Qué son?**	**Ejemplos**
Portales de empleo generales	Son aquellos donde las empresas publican sus ofertas directamente y no están enfocados en ningún sector o público objetivo.	• InfoJobs • Infoempleo • Job Today • Monster • Jobatus • Laboris
Portales de empleo especializados	Son los que publican ofertas de un determinado sector o público objetivo.	• Turijobs (turismo y hostelería) • Ticjob (sector tecnológico) • Primerempleo (talento joven) • Generación SAVIA (mayores de 50 años)

PORTALES DE EMPLEO

https://www.tecnoempleo.com   https://www.domestika.org

https://www.luxetalent.es   https://www.hosteleo.com

https://www.marketyou.com   https://www.educajob.com

Recomendaciones para el uso de portales de empleo

• Tener siempre el perfil actualizado con los últimos empleos, formaciones y novedades profesionales.

• Marcar rutinas para hacer búsquedas de empleo a diario y activar las notificaciones de avisos de nuevas ofertas de empleo que puedan adaptarse al perfil.

• Utilizar keywords, o palabras clave, que se adecúen al perfil para que las empresas encuentren mejor a los candidatos. Estas palabras clave van desde el nombre de la profesión hasta los conocimientos, las habilidades y competencias necesarias para realizar las tareas relacionadas con el puesto de trabajo. Pueden ser también otras palabras relacionadas con la profesión (sector, espacios o equipamientos) o las características del contrato que nos interesa (flexibilidad horaria o salario).

Figura 1.5. Las palabras clave definen la profesión y el perfil propio.

1.5. CÓMO GANAR LA SELECCIÓN

Es preciso realizar una correcta conexión entre los recursos y las herramientas con las que se cuenta en el proceso de búsqueda de empleo. Los recursos son los medios empleados para conseguir algo. Son los estudiados en el apartado anterior.

Por otro lado, las herramientas son los **instrumentos** que se utilizan para hacer algo o para conseguir algo. En el caso de búsqueda de empleo, la herramienta principal es el *curriculum vitae.* Por ejemplo, el modo de acceder a las posibilidades de un portal de empleo es incluir el CV. El currículum es la herramienta empleada en el recurso.

1.5.1. El *curriculum vitae*

Un currículum es el documento que incluye toda la experiencia, la formación, las aptitudes, los idiomas y los datos de contacto de un trabajador, así como cualquier otra información que considere relevante añadir. Es, en esencia, el perfil profesional de una persona. Tener un currículum actualizado es indispensable, tanto si se está en búsqueda activa de empleo como si no.

Aspectos destacables del CV

- Tu *curriculum vitae* es tu carta de presentación, demuestra que ofreces valor añadido y que eres una persona activa e interesada en una nueva oportunidad laboral y con ganas de comprometerte en un nuevo proyecto profesional.

- La información que ofrezcas ha de ser clara y estar bien redactada. Usa frases cortas y sencillas, y no te excedas de una hoja. Revisa siempre la ortografía y los posibles errores tipográficos antes de dar por finalizada la elaboración de tu currículum.

- Describe de forma breve las habilidades y capacidades que te definen como trabajador y tus objetivos profesionales.

- Si no tienes experiencia profesional o es reducida, destaca tu formación académica en primer lugar, siempre reflejando lugar lo más reciente en primera posición. Suprime la formación académica previa necesaria y obligatoria para alcanzar tu titulación actual e incluye reconocimientos si los tuvieras. También puedes incorporar datos relevantes sobre cursos, seminarios, etcétera.

- También puedes incorporar una frase motivadora que anime a los reclutadores a ofrecerte tu primera oportunidad laboral. Al comienzo de la carrera profesional, se valoran las competencias adquiridas en cualquier tipo de trabajo, aunque no tenga nada que ver con la formación realizada, así como actividades extraacadémicas (voluntariado, participación en iniciativas en tu centro de estudios, etcétera).

- Si cuentas con más años de experiencia profesional, destácala en primer lugar. Refleja fechas, puesto desempeñado, empresa, responsabilidades y/o funciones desarrolladas y logros alcanzados. Se han de reflejar primero las experiencias profesionales más recientes y destacar los conocimientos adquiridos o lo que aprendiste de ellas.

- A continuación, incluye el nivel de idiomas. Debe reflejarse si se cuenta con certificados, titulaciones específicas o estancias en el extranjero. En la medida de lo posible, el nivel de idiomas debe mostrase en la escala del marco europeo. También deben indicarse los conocimientos informáticos relacionados con el puesto.

- En el apartado sobre otros datos de interés, puedes informar sobre tu disponibilidad para viajar, movilidad, y si cuentas o no con carné de conducir (solo si el puesto al que postulas lo requiere).

- No olvides tus datos de contacto con un teléfono en el que sea fácil localizarte y una dirección de correo electrónico actual y que consultes con frecuencia. Incluye enlaces a tus perfiles en redes sociales profesionales si los tienes, para facilitar que el seleccionador amplíe información.

- Adapta y enfoca siempre tu currículum a las diferentes ofertas de empleo a las que postules o empresas con las que contactes.

Cómo indicar el nivel de idiomas en el CV

Los términos «nivel alto», «lengua materna», «nivel medio hablado» o similares no aportan nada de relevancia en un currículum profesional. Es más, su uso puede resultar incluso contraproducente, ya que indica que esos niveles están ordenados según el criterio personal del postulante a un puesto de trabajo.

Figura 1.6. El nivel de idiomas debe expresarse de modo correcto en un CV.

Aunque no existe una única manera de indicar el nivel de idiomas, encontramos como los más extendidos los siguientes métodos:

En Europa, tenemos el **Marco Común de Referencia para las Lenguas (MCER)**, donde encontramos un estándar que se utiliza para indicar el nivel de comprensión de un idioma. El proyecto general de política lingüística del Consejo de Europa establece los niveles lingüísticos de la siguiente manera:

- **Usuario básico**
  - A1: Acceso
  - A2: Plataforma
- **Usuario independiente**
  - B1: Umbral
  - B2: Avanzado
- **Usuario competente**
  - C1: Dominio operativo eficaz
  - C2: Maestría

Otra forma de indicarlo puede ser la siguiente:

- **A1** - Principiante
- **A2** - Elemental
- **B1** - Intermedio básico
- **B2** - Intermedio
- **C1** - Intermedio avanzado
- **C2** - Profesional

Por otro lado, en LinkedIn se específica como:

- Nivel **básico**
- Nivel **básico limitado**
- Nivel **laboral profesional**
- Nivel **profesional completo**
- Nivel **bilingüe o nativo**

Lo ideal sería encontrar un marco de referencia general y escoger uno o seleccionar una combinación entre las diferentes formas estandarizadas. No existe una que sea mejor o peor. Escoge con la que más te identifiques y que, por supuesto, debe mantenerse en todos los perfiles, marca personal y currículums que se envíen.

A la hora de decidir si incluir el nivel de idiomas en el CV, hemos de tener en cuenta que, por normal general, en España suele ser necesario indicarlo, al igual que en otros países europeos, por lo que omitirlo sería una desventaja.

Si el puesto al que se opta es en el extranjero y estás creando un CV en inglés u otro idioma, es importante destacar la lengua materna en esta sección, el idioma y nivel de la lengua del país al que uno se dirige, además de otros posibles idiomas que puedan ser interesantes para la empresa.

El nivel de idioma debe incluirse, aunque no se especifique su necesidad en la oferta de empleo, ya que puede resultar una ventaja competitiva para desempeñar el puesto de trabajo.

El modo correcto de indicar el idioma en el currículum es con la siguiente estructura:

[idioma] - [nivel] + [(Institución educativa o certificado oficial)]

- Inglés - B2 (Escuela Oficial de Idiomas)

- Inglés - B2 TOEFL *(Test of English as a Foreign Language)*
- Inglés - B2 *(First Certificate)*

Clases de *curriculum vitae*

1. **Cronológico**

   Este tipo de *curriculum vitae* es uno de los más habituales que suelen presentarse. La diferencia con otros es que la información de este modelo de currículum aparecerá ordenada de forma cronológica, es decir, ordenada por fechas.

   Este orden puede ser de lo más reciente a lo más lejano (sentido inverso) o al contrario (sentido directo). Lo más recomendado es el currículum cronológico inverso. De este modo, lo más actual es la primera información que llega a la vista de los reclutadores.

2. **Currículum funcional o temático**

   En este tipo de *curriculum vitae* se coloca la información de acuerdo a la importancia para el puesto de trabajo que se está solicitando. Por eso, prescinde de fechas y agrupa la información en áreas de mayor interés para la empresa que hace la selección.

   Esta forma de exponer la información ayuda a la empresa a ver tu experiencia global sin necesidad de entrar en detalles. Por tanto, este tipo de CV es adecuado para personas con una experiencia laboral muy amplia que quieren encontrar trabajo más cualificado.

3. **Currículum combinado o mixto**

   Este es uno de los tipos de *curriculum vitae* profesional más complejos de realizar, pues combina las prestaciones de los CV vistos anteriormente.

   Trabaja sobre un punto de vista más funcional y sobre él se agrupan las temáticas detalladas y organizadas por fecha. De esta forma, es complejo, pero también es un tipo de CV profesional más completo. Al ser tan específico, es apropiado para puestos de trabajo más concretos, por lo que es probable que haya que realizar uno de este tipo por cada puesto que solicites.

4. **Videocurrículum**

   Uno de los tipos de *curriculum vitae* más actuales para encontrar trabajo es el videocurrículum. Este tipo de currículum se basa en explicar en un vídeo tu formación, experiencia, conocimientos y valor añadido como persona.

   En plataformas como LinkedIn este tipo de currículums pueden tener más fuerza y mejores resultados. En otros lugares o sectores puede considerarse poco formal.

Currículum por competencias

Muchos profesionales tienen dudas sobre si deben incluir en el currículum un apartado sobre las habilidades y aptitudes. Aunque no es una sección tan importante como la experiencia laboral o la formación académica, es fundamental incluir siempre las competencias y habilidades en el CV.

Estas aptitudes y habilidades pueden ayudar a que valoren al candidato como una persona activa que tiene interés por actividades como, por ejemplo, conocimientos de programas informáticos o aptitudes como capacidad de trabajar en equipo.

El primer paso para redactar este apartado del currículum es recopilar con calma todas las habilidades y competencias que puedan resultar interesantes para la oferta de empleo. Aquellas que no aportan nada a tu CV es mejor dejarlas fuera.

El segundo paso sería redactar un listado con todas estas aptitudes por orden de importancia y agregar certificados y diplomas que puedan confirmar tus habilidades y competencias. Deben priorizarse aquellas habilidades que te servirán para diferenciarte de los demás candidatos, como las habilidades informáticas y profesionales.

Otro consejo antes de escribir este apartado es tener en cuenta la oferta de empleo e incluir aquellas habilidades específicas que se solicitan en ella. Es decir, debe realizarse, tanto en las competencias como en los demás apartados, **un currículo adaptado a la oferta de trabajo.**

- Tipos de habilidades que se deben incluir en un currículum

    — *Habilidades personales y comunicativas*

    Este tipo de habilidades son rasgos de carácter y cualidades personales que son importantes para cualquier empleo. No se adquieren mediante estudios concretos, sino que se van adquiriendo a lo largo de la vida.

    A veces estas habilidades son muy importantes para lograr conseguir un empleo concreto. En el caso de no tener experiencia profesional, estas habilidades pueden resultar fundamentales. Este es un listado de alguna de ellas.

    ✓ Excelente ortografía y redacción.

    ✓ Experiencia a la hora de hablar en público.

    ✓ Buena expresión oral.

    ✓ Capacidad de escucha.

✓ Manejo de la comunicación no verbal.

✓ Empatía con los compañeros.

✓ Capacidad de adaptación e iniciativa.

✓ Autonomía e intuición.

✓ Capacidad para manejar crisis y estrés.

— *Competencias informáticas para tu CV*

Las competencias informáticas son fundamentales en este mundo digital y hay que estar constantemente actualizando conocimientos para no quedarse obsoleto. Cada día son más los empleos para los que se necesitan habilidades informáticas diversas. Conocer programas como Word o Excel es ahora mismo fundamental.

También es importante el acceso constante a Internet y conocer y estar presente en redes sociales como Facebook, X (antes Twitter), Instagram y, por supuesto, LinkedIn. El reclutador se fijará en si se poseen conocimientos de al menos los programas que se necesitan para el puesto de trabajo, por lo que es importante que lo especifiques.

— *Habilidades profesionales*

El reclutador también valorará si tienes habilidades profesionales para identificar y resolver problemas. En la actualidad, las empresas no solo quieren trabajadores con experiencia profesional y una buena formación, sino que también quieren personas proactivas que puedan ayudar a resolver problemas y crisis en un momento dado. Una persona que sepa tomar decisiones complicadas y buscar soluciones.

Estas habilidades profesionales también son muy valoradas por los reclutadores, ya que les muestra tu manera de actuar y tomar decisiones. Deben incluirse en el apartado de competencias.

✓ Capacidad de búsqueda e indagación.

✓ Capacidad de persuasión.

✓ Diseño de soluciones.

✓ Facilidad para identificar las necesidades de la empresa.

✓ Experiencia en el manejo de crisis.

✓ Experiencia en la toma de decisiones.

✓ Gestión de proyectos.

✓ Habilidades de análisis.

✓ Habilidades en *brainstorming.*

✓ Pensamiento crítico y creativo

— *Aptitudes de trabajo en equipo*

En la actualidad, saber trabajar en equipo es fundamental en cualquier puesto de trabajo. Es muy difícil encontrar puestos donde se valore a aquellos que prefieren actuar de forma independiente.

El trabajo en equipo se ha convertido en una aptitud fundamental para cualquier puesto de trabajo. Estas son algunas de estas aptitudes para el trabajo en equipo:

✓ Buena comunicación con los demás.

✓ Capacidad de liderazgo.

✓ Entendimiento y empatía.

✓ Tolerancia ante las actitudes de los compañeros.

✓ Resolución de conflictos.

✓ Experiencia en toma de decisiones.

✓ Preferencia por el trabajo colaborativo.

✓ Aptitudes organizacionales.

✓ Habilidades persuasivas.

✓ Respeto por los demás.

Diseño del currículum

Sea del tipo que sea, un currículum debe contar con los siguientes apartados:

Datos personales y de contacto
Titulación
Experiencia laboral/profesional (cronología inversa)
Idiomas (nivel): indicar certificaciones en caso de contar con ellas
Otra formación y cursos adicionales
Conocimientos informáticos: indicar los conocimientos y el nivel

La fotografía ha de ser tipo carné y con fondo neutro.

Es aconsejable que la extensión sea de una página.

El diseño del currículum ha de ser claro, limpio y fácil de leer, y se debe repasar
hasta quedar comprobado que no tenga faltas de ortografía.

Plantillas para generar currículums

Existen numerosas vías para realizar un currículum sin tener que partir de la
nada. Programas muy conocidos como **Microsoft Word** ofrece una gran diversidad de plantillas en las que tan solo hay que incluir nuestros datos y queda gene-
rado un CV que podrá guardarse en formato PDF y así facilitar su posterior envío.

Otra de las posibilidades es utilizar generadores de currículums que utilizan la in-
teligencia artificial (IA) para facilitar esta tarea. Uno de los más utilizados es el
que ofrece la plataforma **MiCVideal**.

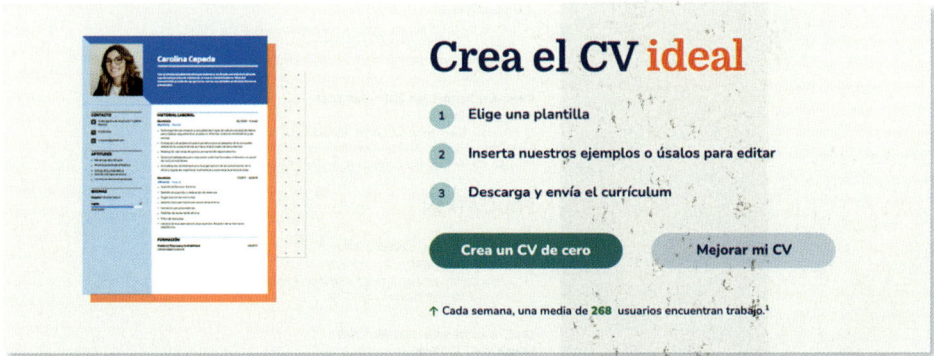

Figura 1.7. Muestra de una de las plataformas de generación de CV. Fuente: MiCVideal.

El funcionamiento de este tipo de plataformas es el siguiente:

• Se elige si el CV es desde cero, es decir, no tenemos ningún otro previo en el
que basarnos. En este caso, se deben rellenar los apartados que aparecen en
cada una de las páginas.

- Si contamos con un CV previo, el programa solicita qué clase de modificaciones quieren realizarse y ofrece distintas opciones de diseño.

PLANTILLAS DE CV GRATUITAS

Hacer currículum online | Crear un currículum | LiveCareer

CV Lite - El generador de CV n.º 1 en Internet (cv-lite.com)

Crea un *curriculum vitae* perfecto en 3 pasos - CVwizard

Plantilla de currículums gratis | Canva

Plantillas de curriculum vitae (descarga gratis) (infojobs.net)

En la actualidad, la web de diseño Canva es una de las más utilizadas como generador de currículums. Ofrece multitud de plantillas en las que pueden modificarse todos y cada uno de los apartados y cambiar colores, tamaños, sustituir imágenes y formas, etcétera. A continuación, mostramos el aspecto de dos plantillas generadas en Canva.

Figura 1.8. Muestra de plantilla generada en CANVA.

Figura 1.9. Muestra de plantilla de CV generada en CANVA.

El currículum EUROPASS

El CV Europass es un tipo de *curriculum vitae* estandarizado, propuesto por la Unión Europea desde su plataforma Europass, con el objetivo de crear un modelo de currículum fácilmente reconocible. De esta forma, los reclutadores pueden valorar objetivamente la formación y aptitudes de un candidato en cualquier país de Europa.

Tener un currículum europeo es fácil, puesto que existen muchas plantillas de currículum que pueden usarse como base o guía. Desde el mismo portal Europass existen documentos que, junto al CV Europass, el usuario puede descargar y usar como modelo estándar oficial. Desde Europass también puede crearse una carta de presentación o se puede solicitar un Pasaporte de Lenguas (donde hacer una autoevaluación lingüística) o el Documento de Movilidad Europass (en el que figuran aquellos conocimientos y experiencia adquiridos en otros países europeos). Incluso existe un espacio dedicado a empleos, becas, prácticas o voluntariado dentro de la Unión Europea.

CREAR TU CV EUROPASS

Para crear un CV Europeo desde este portal, lo primero que hay que hacer es registrarte y crear un perfil Europass. Siguiendo el paso a paso, podrás editar tus documentos, guardarlos e ir rellenando un formulario con información personal, experiencia profesional, formación realizada y competencias personales. En pocos pasos tendrás tu CV Europass listo.

1.5.2. La carta de presentación

La carta de presentación es un documento que acompaña al currículum en el proceso de demandar empleo y ofrecer los servicios profesionales a una empresa. Puede enviarse como respuesta al anuncio de una plaza vacante, para solicitar empleo de forma espontánea o para pedir que se tenga en cuenta el CV en futuros procesos de selección.

Esta carta consiste en una introducción breve al *curriculum vitae* y se especificarán las capacidades, características personales y de modo especial la experiencia laboral.

La carta de presentación puede tener la siguiente estructura:

Primer párrafo	Se indica el motivo por el que se escribe con indicación del puesto o perfil profesional que se desea conseguir o desarrollar.
Segundo párrafo	Se hace referencia al CV que se adjunta y se resaltan los puntos fuertes en cuanto a formación y experiencia profesional.
Tercer párrafo	Se mencionan los modos de contacto y disponibilidad para una entrevista personal.
Despedida	Deben evitarse las fórmulas rígidas y anticuadas, así como las demasiado coloquiales. «Saludos cordiales» o «Atentamente» son despedidas correctas.

Caso práctico resuelto

Carta de presentación

Estrella posee la titulación de Grado Superior en Administración y Finanzas, y desea optar a un puesto de trabajo en la empresa Gabinete de Servicios, cuya oficina está cercana a su domicilio. Para ello, envía su CV acompañado de una carta de presentación con la siguiente redacción:

Estrella Bravo Alcázar
Orquídea, 3, 4.ºA
13005 Ciudad Real
Tel.: 876 556 666
Correo electrónico: estrellabravo@gmail.es

Adela Álvarez Paredes
Gerente Gabinete de Servicios S. L.
Avda. Constitución, 1
13005 Ciudad Real

29 de octubre de 2024

Estimada Sra. Álvarez:

En el presente año, he obtenido la titulación de Técnico en Administración y Finanzas en el IES Campo Magna, y quiero hacerle llegar mi candidatura para próximos procesos de selección que inicie su empresa relacionados con este perfil académico y profesional.

Durante mi formación, realicé las prácticas de Formación en Centros de Trabajo en la Asesoría Platas de Ciudad Real, en el Departamento de Contabilidad.

Como puede comprobar en el CV adjunto, he realizado cursos de facturación y atención al cliente que complementan mi perfil. Además, poseo el nivel B2 de Inglés.

Le agradecería que, si lo considera oportuno, concertásemos una entrevista con el fin de ampliar la información del currículum, así como cualquier otro aspecto de su interés.

Quedo a la espera de sus noticias.

Atentamente,

Estrella Bravo Alcázar

1.5.3. Entrevistas

Todos los instrumentos y estrategias estudiados hasta el momento están encaminados a la obtención de una entrevista de trabajo.

Los objetivos de la entrevista son los siguientes:

- Evaluar la idoneidad de la candidatura para un puesto determinado. Se trata de averiguar si el candidato posee las aptitudes y experiencias necesarias para aportar valor a la empresa.

- Comprobar que el candidato encaja en la empresa, según su personalidad, actitudes, aptitudes y habilidades.

- Obtener información que permita comparar los puntos fuertes y débiles del candidato con respecto a otros.

Desde el punto de vista del candidato, la entrevista tiene como finalidad obtener una oferta de empleo. También para comprobar la compatibilidad con el empleador y su empresa.

Figura 1.10. La entrevista de trabajo es un intercambio de información entre empleador y candidato.

ESTRATEGIAS PARA SUPERAR LA ENTREVISTA DE TRABAJO

- Dedica tiempo a reflexionar sobre ti mismo: para ello has de analizar tus puntos fuertes y áreas de mejora. Piensa qué es lo que más te motiva, lo que más valoras de un empleo, si prefieres trabajar solo o en equipo. Puede ser útil escribirlo en un papel.

- Dedica tiempo a reflexionar sobre tu experiencia (si no cuentas con experiencia profesional y tampoco experiencia laboral, piensa en tu experiencia académica): identifica el objetivo principal de tu puesto, cuáles eran tus responsabilidades, los logros conseguidos, las dificultades que encontraste y cómo las superaste, y describe el aprendizaje extraído de esa experiencia. Puede ser útil escribirlo en un papel.

- Infórmate sobre la empresa de la que quieres formar parte y lee con detenimiento la descripción y los requisitos del puesto de trabajo para el que vas a ser entrevistado.

- Prepara respuestas a preguntas como «¿Por qué quieres trabajar aquí?», «¿Por qué deberíamos elegirte?».

- Repasa tu currículum para que puedas estar seguro de aclarar cualquier detalle adicional que te soliciten sobre tu trayectoria profesional.

- Practica con algún amigo o familiar la entrevista. Ensaya todo lo que puedas cómo vas a argumentar que eres el candidato perfecto para ese puesto. En resumen, se trata de preparar con antelación una serie de ideas sobre ti y la empresa a la que vas a ir.

- Prepara con antelación la ruta que vas a escoger para llegar puntual a tu entrevista en el caso de que la entrevista sea presencial.

- Si la entrevista es en formato virtual, asegúrate antes de que la aplicación (Zoom, Teams, Skype...) funciona correctamente en tu ordenador.

- Escoge una vestimenta adecuada a la imagen de la empresa.

- No mientas nunca, y si hay algo que no sabes hacer, admítelo con naturalidad.

ACTITUDES ANTE LA ENTREVISTA DE TRABAJO

- Recuerda que la entrevista de trabajo comienza antes de que te sientes con tu entrevistador. Sé siempre puntual: llega con una antelación de unos diez minutos y actúa de forma correcta cuando llegues a la empresa donde te van a entrevistar.

- Si la entrevista es en formato *online,* conéctate unos minutos antes y revisa el audio y el micrófono. Utiliza un espacio sin ruidos ni distracciones y con un fondo lo más neutro posible.

- Activa siempre la cámara para que el entrevistador pueda verte y mantén siempre una imagen profesional, aunque la entrevista la hagas desde casa.

- Atrae la atención del entrevistador con un algún comentario sobre la empresa que hayas preparado previamente y que también te ayude a romper con la tensión inicial.

- Procura comunicarte con naturalidad y con un vocabulario rico y evita los monosílabos, las coletillas o los comentarios negativos.

- Responde argumentando de forma breve y clara, sin olvidarte de incorporar los aspectos destacables que pongan de manifiesto el valor añadido que ofreces.

- Recuerda que el lenguaje no verbal también es importante. Mantén una compostura relajada y demuestra entusiasmo.

- Sé proactivo y plantea interés por el puesto; haz preguntas sobre todo lo que no te haya quedado claro.

- Aunque el entrevistador te dé confianza y sea una persona joven, nunca olvides que estás en un contexto de entrevista en un ámbito profesional y que has de utilizar un lenguaje y expresiones adecuadas a este contexto.

ACTIVIDAD PROPUESTA

Responde a las siguientes preguntas como preparación para una entrevista de trabajo.

Preguntas sobre formación
— ¿Por qué escogiste esta formación?
— ¿Cuáles eran las materias que más te gustaban? ¿Por qué?
— ¿Cuáles eran las que menos te gustaban? ¿Por qué?

Preguntas sobre la experiencia personal
— Describe brevemente tu trayectoria profesional.
— ¿Qué aprendiste en los trabajos anteriores?
— ¿Qué es lo que más y lo que menos te gustaba?
— Explícame en qué consistía exactamente tu trabajo. Funciones, responsabilidades, tareas.
— ¿Te sientes orgulloso de algo especial que has hecho?
— ¿Por qué finalizó tu anterior experiencia profesional?

Preguntas sobre tu personalidad

— ¿Cuáles crees que son tus puntos fuertes? ¿Y tus áreas de mejora?

— En tu vida profesional o personal, ¿reconoces alguna equivocación importante? ¿Actuarías de forma diferente? ¿Qué aprendiste?

— Si les preguntáramos a personas que han trabajado contigo qué opinan de ti, ¿qué crees que dirían?

— ¿Qué haces en tu tiempo libre?

— ¿Cómo definirías tu manera de ser?

— ¿Con qué tipo de entornos personales/laborales te sientes más cómodo?

— Explica alguna situación conflictiva que tuvieras que resolver (ámbito formativo/trabajo).

Preguntas basadas en el interés por el puesto

— ¿Por qué crees que eres un buen candidato y deberíamos contratarte?

— ¿Qué crees que puedes aportarnos?

— ¿Qué es lo que más valoras de la oferta? ¿Por qué te interesa esta oferta?

Preguntas sobre expectativas

— ¿Conoces nuestra empresa? ¿Qué te parece?

— ¿Dónde te ves dentro de tres o cinco años?

— ¿Por qué quieres trabajar en nuestra empresa?

— ¿Cuáles son tus expectativas económicas?

Por último, debemos estar preparados porque, al finalizar la entrevista, queda un espacio de tiempo para decir si el candidato tiene a su vez alguna pregunta. Algunas recomendaciones para contestar a esto son las siguientes:

— ¿Con qué herramientas de trabajo cuentan en el día a día?

— ¿Cómo sería un día normal en el equipo?

— ¿Qué esperan de la persona que se incorpore?

— ¿Cuántas personas conforman el equipo de trabajo?

— ¿A qué tipo de proyectos se dedican con más frecuencia?

— ¿Cuáles son los siguientes pasos en el proceso de selección?

1.6. EMPRENDEDORES

El concepto de emprendedor incluye a todas aquellas personas que comparten los rasgos de capacidad de innovar y de asumir riesgos en la búsqueda de oportunidades empresariales.

Es importante realizar una distinción entre la figura del emprendedor y del empresario:

EMPRESARIO Es la persona que tiene la titularidad de una empresa o que dirige u organiza un proyecto empresarial.	**EMPRENDEDOR** Es la persona física o jurídica que desarrolla una actividad económica empresarial o profesional que implica asumir riesgos económicos.

Una de las diferencias principales entre emprendedor y empresario es que el emprendedor lleva a cabo su proyecto con carácter individual, y trabaja de modo independiente. Por otra parte, el empresario trabaja a través de una estructura empresarial y suele delegar tareas y establecer sus tiempos.

Por lo tanto, ser emprendedor implica detectar **oportunidades de negocio,** conseguir y utilizar los recursos necesarios para materializar su idea, diseñar su plan de negocios y ejecutarlo. En multitud de ocasiones la condición de empresario se ha adquirido como resultado de la materialización de una idea de negocio como emprendedor.

CARACTERÍSTICAS DE LAS PERSONAS EMPRENDEDORAS

- Creatividad.
- Pasión por su proyecto.
- Capacidad para asumir riesgos calculados.
- Perseverancia.
- Habilidad para adaptarse a los cambios del mercado.

CLASES DE EMPRENDEDORES

- **Innovadores:** son aquellos que introducen ideas nuevas por completo y las convierten en negocios rentables. Muestran una gran pasión por su idea y pueden llegar a ser capaces de modificar la forma en que las personas piensan y actúan en un determinado sector.

- **Arriesgados:** esta clase de emprendedores se centran en el esfuerzo y están dispuestos a trabajar arduamente con recursos limitados. Comienzan poco a poco y desarrollan los objetivos de modo gradual. Para ellos prevalece la asunción de riesgos sobre la comodidad y los resultados inmediatos. Su enfoque es empezar poco a poco y crecer gradualmente.

- **Imitadores:** los emprendedores imitadores toman ideas de negocio ya existentes y buscan su mejora y perfeccionamiento.

- **Investigadores:** estos emprendedores emplean la mayor parte del tiempo en recopilar información y datos antes de lanzarse a iniciar un negocio.

- **Compradores:** la característica de esta clase de emprendedores es que, en lugar de diseñar una idea de negocio por sí mismos, identifican oportunidades ya existentes, evalúan su viabilidad y, en definitiva, adquieren negocios prometedores.

1.6.1. Plan de negocio

Un plan de negocio es una metodología que sistematiza e integra las actividades que serán necesarias para que **una idea de negocio se convierta en una empresa** y que desprende unas expectativas que demuestran que es rentable. Mediante el plan de negocio se pretende la captación de inversores al demostrar que la idea es viable y rentable.

El plan de negocios es un documento que permite al emprendedor analizar la situación actual del mercado, sector y entorno. El plan de negocios recoge toda esa información y permite al emprendedor presentar su negocio a inversores y personas con recursos para ponerlo en marcha.

ELEMENTOS DE UN PLAN DE NEGOCIO

El plan de negocio es la guía que se utilizará durante la puesta en marcha de la empresa y, además, será el documento que revisen los inversores antes de tomar la decisión de apoyarlo o no.

La estructura del documento en el que se plasma el plan de negocio debe contar con los siguientes puntos, según la Cámara de Comercio de España:

- Definición de las características del producto o servicio.

- Análisis estratégico realista sobre las posibles ventas.

- Decisión de la forma jurídica adoptada.

- Estudio de la competencia.

- Necesidades materiales iniciales.

- Datos financieros.

1.6.2. Montar empresas

Como hemos estudiado en el apartado anterior, la decisión sobre la forma jurídica que adopte nuestro negocio es de vital importancia, y dependerá de factores como el capital con el que se cuente o número de empleados.

> La Cámara de Comercio de España ofrece información a los emprendedores sobre las formas jurídicas. Lo mostramos en el siguiente enlace:
>
> https://www.camara.es/blog/creacion-de-empresas/videoblog-descubre-la-mejor-forma-juridica-para-tu-negocio

Para determinar la elección que más se ajuste a las características del proyecto de negocio, se han de tener en cuenta los siguientes datos:

- **La actividad.** El tipo de actividad que se desarrolle en el negocio o sector al que pertenezca condiciona la elección de la forma jurídica, ya que dependiendo de ello es la propia normativa la que exige adoptar una forma jurídica u otra.

- **Número de socios.** El número de promotores de negocio condiciona la elección. Cuando hay más de una persona en la actividad lo aconsejable es constituir sociedad, mientras que si se quiere emprender en solitario la forma de autónomo es la más idónea. No obstante, hay que señalar que es posible constituir una sociedad unipersonal de responsabilidad limitada (SLU) o una sociedad anónima unipersonal (SAU) con un solo socio.

- **Inversión inicial.** Las necesidades económicas del negocio estarán en función de la actividad que se desarrolle y el acuerdo económico entre los socios. La ley exige una aportación inicial mínima para establecer sociedades (sociedad limitada, anónima), mientras que para los autónomos no se precisa cuantía de aporte inicial.

- **La fiscalidad.** Dentro de los aspectos fiscales, la mayor diferencia entre una forma jurídica u otra, o entre un tipo u otro de sociedad, se da en la tributación del IRPF y el impuesto de sociedades. El IRPF es progresivo en función del incremento de ingresos, y en el impuesto de sociedades se aplica un tipo fijo.

- **Responsabilidad frente a terceros.** La responsabilidad patrimonial de los promotores es un aspecto que determina cómo pagar en caso de deudas. Afecta al patrimonio empresarial únicamente de forma limitada cuando las deudas son contraídas por las sociedades, con capital suficiente para cubrirlas y sin afectar al patrimonio personal de cada socio. En algunas sociedades, en el caso de ser insuficiente el patrimonio empresarial, las obligaciones asumidas pueden repercutir sobre los bienes personales.

- **La contabilidad.** La forma de contabilidad, al igual que la fiscalidad, varía entre ser autónomo y haber establecido cualquier tipo de sociedad.

Las formas jurídicas más empleadas en la actualidad son las siguientes:

- **Autónomo**

  Es la modalidad jurídica para quienes realizan actividad laboral (productos y servicios) de forma solitaria, generalmente para un tercero o empresa a través de un contrato.

  El autónomo tiene obligaciones fiscales: impuesto de actividades económicas, pago mensual a la Seguridad Social, tributa en el IRPF con el modelo correspondiente y tiene una responsabilidad ilimitada, es decir, responde con todo su patrimonio personal en caso de deudas.

  > Darse de alta en el Régimen Especial de Trabajo Autónomo:
  >
  > https://portal.seg-social.gob.es/wps/portal/importass/importass/Colectivos/Trabajo+Autonomo/guia#post-29331224-392b-44ea-9d91-d8151d5dfa43

- **Sociedad limitada**

  En esta modalidad empresarial, el capital social corresponde a la aportación de cada socio (dos como mínimo), lo que establece la responsabilidad de cada uno de ellos en caso de contraer deudas. La tributación a Hacienda se realiza a través del impuesto de sociedades.

- **Sociedad anónima**

  Para formar este tipo empresarial el capital inicial mínimo será de 60 000 euros, de cuya cantidad están obligados ingresar el 25 % en el mismo momento de su constitución.

  El capital social está integrado por aportaciones de los socios, denominadas acciones. Cada acción es una parte alícuota del capital de la empresa. La responsabilidad económica de los socios queda limitada a su contribución en acciones.

  Fiscalmente, tributan mediante el impuesto de sociedades y están obligadas a tener órganos internos que se encarguen y gestionen permanentemente la compañía.

- **Cooperativas**

  Este es un tipo particular de empresa, en la que los mismos socios pueden aportar su trabajo. No requiere de un capital mínimo para su puesta en marcha, aunque sí queda reflejado en sus estatutos.

  La responsabilidad de cada socio se establece en función del capital que haya aportado. Dentro de este tipo de sociedad se pueden adoptar dos formas: aquellas que se forman con un mínimo de tres partícipes, y la creada por fusión con otras.

- **Sociedad civil**

  Para esta modalidad particular se deben agrupar dos o más personas bajo una sola forma jurídica, pero con responsabilidad ilimitada con terceros, por lo que se verían afectados el capital y bienes societarios además de los bienes particulares.

- **Comunidad de bienes**

  Es una sociedad integrada por un mínimo de dos autónomos, quienes a través de un contrato privado ejercen una actividad conjunta.

  No tiene personalidad jurídica propia, por lo que las obligaciones tributarias y de responsabilidad jurídica las realizan los propios autónomos, aunque la facturación y contabilidad son conjuntas.

  El gobierno, a través del mecanismo de trámites y servicios electrónicos ofrece los denominados Puntos de Atención al Emprendimiento (PAE). Son ventanillas únicas electrónicas o presenciales, a través de las que se pueden realizar trámites para el inicio, ejercicio y cese de la actividad empresarial.

  Se encargan de **facilitar la creación de nuevas empresas**, el inicio efectivo de su actividad y su desarrollo, a través de la prestación de servicios de información, tramitación de documentación, asesoramiento, formación y apoyo a la financiación empresarial.

> Buscador de Puntos de Atención al Emprendimiento
> https://paeelectronico.es/es-es/CreaEmpresaConAyuda/Paginas/BuscadorPAE.aspx

1.6.3. Ayudas al emprendedor

Las diversas ayudas que se ofrecen, por distintas administraciones e instituciones, como apoyo a la iniciativa emprendedora se agrupan en estos cuatro grandes apartados:

- Reducciones y bonificaciones a la Seguridad Social

  — **Cuantía**: cien por cien de la cuota por contingencias comunes resultante de aplicar a la base media que tuviera el trabajador en los doce meses anteriores a la fecha en la que inicie esta bonificación, el tipo de cotización para contingencias comunes vigente en cada momento, excluido el correspondiente a la incapacidad temporal derivada de dichas contingencias.

  — **Duración**: la duración será durante el periodo de descanso.

  — **Normativa**: artículo 38 de la Ley 20/2007, de 11 de julio, del Estatuto del Empleado Autónomo, modificada por el Real Decreto Ley 13/2022, de 26 de julio, por el que se establece un nuevo sistema de cotización para los trabajadores por cuenta propia o autónomos y se mejora la protección por cese de actividad y por el Real Decreto Ley 14/2022, de 1 de agosto, de medidas de sostenibilidad económica en el ámbito del transporte, en materia de becas y ayudas al estudio, así como de medidas de ahorro, eficiencia energética y de reducción de la dependencia energética del gas natural.

- Bonificaciones por conciliación vinculada a la contratación

  — **Definición**: se modifica el artículo 30 a la Ley 20/2007, para bonificar a trabajadores por cuenta propia o autónomos por conciliación de la vida profesional y familiar vinculada a la contratación.

  — **Características**: los trabajadores por cuenta propia o autónomos tendrán derecho, por un plazo de hasta doce meses, a una bonificación del cien por cien de la cuota de autónomos por contingencias comunes.

  — **Supuestos**:

    ✓ Cuidado de menores de doce años a su cargo.

    ✓ Tener a cargo un familiar, por consanguinidad o afinidad hasta el segundo grado inclusive, en situación de dependencia, debidamente acreditada.

    ✓ Por tener a su cargo un familiar, por consanguinidad o afinidad hasta el segundo grado inclusive, con parálisis cerebral, enfermedad mental o discapacidad intelectual con un grado de discapacidad reconocido igual o superior al treinta y tres por ciento o una discapacidad física o sensorial con un grado de discapacidad reconocido igual o superior al sesenta y cinco por ciento, cuando dicha discapacidad esté debidamente acreditada, siempre que dicho familiar no desempeñe una actividad retribuida.

— **Requisitos y obligaciones:**

✓ Estar y permanecer en alta en el Régimen Especial de la Seguridad Social de Trabajadores por Cuenta Propia o Autónomos.

✓ Contratación de un trabajador, a tiempo completo o parcial, que deberá mantenerse durante todo el período de disfrute de la bonificación. En todo caso, la duración del contrato deberá ser, al menos de tres meses desde la fecha de inicio del disfrute de la bonificación. El contrato a tiempo parcial no podrá celebrarse por una jornada laboral inferior al 50 % de la jornada de un trabajador a tiempo completo comparable.

✓ Carecer de trabajadores asalariados en la fecha de inicio de la aplicación de la bonificación y durante los doce meses anteriores a la misma, excepto en el caso de trabajador contratado mediante contrato de interinidad para sustitución del trabajador autónomo por maternidad, paternidad, adopción o acogimiento, riesgo durante el embarazo o la lactancia.

✓ En todo caso, el trabajador autónomo que se beneficie de la bonificación deberá mantenerse en alta de la Seguridad Social durante los seis meses siguientes al vencimiento del plazo de disfrute de la misma.

— **Incentivos:** bonificación del cien por cien de la cuota de autónomos por contingencias comunes, que resulte de aplicar a la base media que tuviera el trabajador en los doce meses anteriores a la fecha en la que se acoja a esta medida el tipo de cotización mínimo de cotización vigente en cada momento establecido en el Régimen Especial de Trabajadores por Cuenta Propia o Autónomos.

— **Normativa:** artículo 30 de la Ley 20/2007, modificada por el Real Decreto Ley 13/2022, de 26 de julio.

• **Ayudas ICO**

El ICO ofrece un catálogo de líneas de mediación disponibles para financiar tanto proyectos de inversión como necesidades de liquidez de autónomos y empresas. Para la distribución de estos productos, el ICO actúa en colaboración con las entidades de crédito adheridas a cada una de las líneas.

Ayudas financieras ICO
https://www.ico.es/web/guest/inicio

- **Ayudas de las comunidades autónomas**

  En la medida de sus competencias, las comunidades autónomas ofrecen distintas clases de ayudas en materia de emprendimiento y autoempleo. En el siguiente enlace puedes acceder al catálogo completo:

  > Ayudas de las Comunidades Autónomas
  >
  > https://www.sepe.es/HomeSepe/autonomos/incentivos-ayudas-emprendedores-autonomos/Ayudas-comunidades-autono

1.6.4. Capitalización de prestaciones

La capitalización o pago único de la prestación por desempleo es una medida para facilitar iniciativas de emprendimiento y de empleo autónomo, mediante el abono anticipado de la prestación por desempleo pendiente de percibir.

Figura 1.11. Mediante la capitalización de las prestaciones se posibilita la creación de empresas.

Se trata de una medida para fomentar y facilitar iniciativas de empleo autónomo entre personas que estén percibiendo la prestación por desempleo de nivel contributivo, abonando el valor actual del importe de la prestación que reste por percibir.

Los requisitos para percibir el abono de estas cantidades son los siguientes:

- Incorporarse de forma estable como socios/as trabajadores/as o de trabajo en cooperativas o en sociedades laborales, aunque hayan mantenido un vínculo contractual previo con dichas sociedades, independientemente de su duración o constituirlas.

- A partir del 1 de septiembre de 2023, adquirir la condición de persona socia trabajadora o de trabajo en la sociedad laboral o cooperativa con la que mantienen una relación laboral de carácter indefinido, siempre que reúnan todos los requisitos para ser persona beneficiaria de la prestación por desempleo de nivel contributivo, salvo el de estar en situación legal de desempleo.

- Desarrollar una actividad como personas trabajadoras autónomas. No se incluirán en este caso quienes se den de alta como trabajadores/as autónomos/as económicamente dependientes.

- Destinar el importe a realizar una aportación al capital social de una entidad mercantil de nueva creación o creada en un plazo máximo de doce meses anteriores a la aportación, siempre y cuando se vaya a poseer el control efectivo de la sociedad, se vaya a ejercer en la misma una actividad profesional y se produzca un alta en la Seguridad Social en el Régimen Especial de Trabajadores por Cuenta Propia o en el Régimen Especial de Trabajadores del Mar.

- Adquirir acciones de la mercantil en la que trabajaba declarada en concurso y su posterior transformación en sociedad laboral o cooperativa.

Actividades

1.1. ¿Cómo se denomina la acción de construir y aumentar una red de contactos profesionales?

a) *Networking.*

b) *Coworking.*

c) *Contactworking.*

1.2. ¿Qué relación existe entre una persona trabajadora y la empresa que ha contratado sus servicios a través de una ETT?

a) Contractual, ya que la empresa contrata a la persona trabajadora.

b) Funcional, ya que la persona trabajadora realiza sus funciones para la empresa.

c) Mercantil, porque el contrato no es laboral.

1.3. ¿Qué clase de CV ordena la información según las fechas de realización de actividades?

a) Currículum funcional.

b) Currículum asertivo.

c) Currículum cronológico.

1.4. ¿Qué sector es el que, en la actualidad, genera mayor demanda de empleo?

a) Atención al cliente.

b) Sector logístico.

c) Sector sociosanitario.

1.5. Indica cuál de las siguientes es una competencia personal:

a) Capacidad de análisis.

b) Titulación.

c) Competencia técnica.

1.6. **¿Con qué otro nombre se conoce al objetivo de currículum?**

a) Objetivo curricular.

b) Objetivo de carrera.

c) Diseño de currículum.

1.7. **¿Qué es el mercado oculto de ofertas de empleo?**

a) Ofertas de empresas que prefieren no publicar sus vacantes.

b) Ofertas cubiertas por fuentes de reclutamiento propias de las empresas.

c) Ambas respuestas son correctas.

1.8. **¿Cómo se denomina el principal portal de empleo público?**

a) Empleo público.

b) Empléate.

c) Es tu trabajo.

1.9. **¿Cuál es el significado de la sigla SEPE?**

a) Servicio Español Práctico de Empleo.

b) Sociedad Estatal de Empleo.

c) Servicio Público de Empleo Estatal.

1.10. **Los emprendedores que recopilan información y datos antes de iniciar un negocio se denominan:**

a) Compradores.

b) Imitadores.

c) Investigadores.

2. Sensibilización ambiental

2.1. EL MEDIO AMBIENTE

¿Qué es el **medio ambiente**? Todos hablamos a menudo de ello, usamos el término con frecuencia y, sin embargo, no demasiadas veces, quizás nunca, nos hemos detenido a pensar qué es exactamente. En una definición sencilla, **medio ambiente** es todo cuanto rodea a los seres vivos y permite el desarrollo de sus funciones vitales; un sistema formado por elementos naturales que están relacionados entre sí. En muchos casos esos elementos han sufrido y sufren modificaciones de origen natural, pero resultan especialmente severas las que surgen de diversas acciones humanas. Por ejemplo, la Agencia Europea de Medioambiente, así como la Unión Europea, lo definen como un concepto que incluye todos los aspectos del entorno de la humanidad, afectando a individuos y agrupaciones sociales, es decir, la combinación de elementos cuyas interrelaciones complejas conforman los escenarios, los alrededores y las condiciones de vida del individuo y de la sociedad, tal como son o como se sienten. Así, el ambiente incluye el **ambiente construido, el ambiente natural y todos los recursos naturales,** incluyendo el aire, la tierra y el agua. También incluye el entorno de nuestros lugares de trabajo y, muchas veces, los propios centros de trabajo.

Es importante diferenciar entre el **medio ambiente natural y el construido.** Con el **medio ambiente natural** nos referimos a aquel que no ha sido alterado de ninguna manera por el ser humano. Sin embargo, el **ambiente construido** es aquel que sí ha sido modificado por nosotros. Los ambientes construidos pueden ir desde zonas poco modificadas o modificadas de un modo «amable» —por ejemplo, muchas zonas rurales— a zonas altamente modificadas —como las ciudades o los enclaves industriales—. Los enclaves urbanos de las ciudades son el resultado de una continua e intensa acción humana sobre un espacio físico concreto, modificando severamente las condiciones originales para adaptarlas a nuestros usos. Actualmente, encontrar ambientes totalmente naturales, es extremadamente complicado por desgracia, ya que quedan pocas zonas en la Tierra a las que no haya llegado la mano del ser humano de una u otra manera. Así, se estima que la reducción de las llamadas «zonas vírgenes» ha sido crítica en los últimos sesenta años y aún hoy continúa esa tendencia a pesar de todas las alertas. Alrededor del ochenta por ciento de la superficie terrestre de Europa ha sido moldeada por actividades humanas: cubierta por edificios, carreteras, infraestructura industrial o utilizada para la agricultura. La forma en que utilizamos la tierra constituye uno de los principales motores de la degradación ambiental y el cambio climático.

¿Sabías que...?

- Según datos de la Agencia Europea de Medio Ambiente, entre 2012 y 2018 la ocupación de suelo en las áreas urbanas de la UE y el Reino Unido aumentó en 3581 km² y la impermeabilización del suelo ascendió a 1467 km², principalmente a costa de tierras de cultivo y pastizales.

- La impermeabilización del suelo provocó una pérdida de la capacidad potencial de secuestro de carbono, estimada en 4,2 millones de toneladas de carbono durante el periodo de monitoreo.

- Casi el 80 % de la ocupación del suelo en áreas urbanas tuvo lugar en zonas de conmutación (o de residencia), que a menudo son importantes para la vida silvestre, el secuestro de carbono, la protección contra inundaciones y el suministro de alimentos y fibras. Las zonas de conmutación tienen muchas más áreas artificiales por persona que las ciudades, lo que significa que su uso del terreno es menos eficiente.

- Sumado a las presiones sobre la naturaleza, los hábitats en áreas urbanas se fragmentan debido a la ocupación del suelo y, con un tamaño promedio de 0,25 km², son aproximadamente cuatro veces menores que en áreas rurales.

Para los humanos, nuestro medio ambiente es el entorno que condiciona la forma de vida de la sociedad y que incluye los valores naturales, sociales y culturales que existen en un lugar y en un momento determinado. En definitiva, es todo lo que nos rodea, tanto en el ámbito físico, como emocional, político, social o cultural.

En resumen, cuando hablamos de medio ambiente debemos saber que nos referimos tanto a la atmósfera y sus capas superiores como a la corteza terrestre y sus capas inferiores, a las masas de agua superficiales y subterráneas, a la fauna y la flora... y por supuesto a nosotros mismos; como humanos, y por tanto «fauna», nosotros y nosotras formamos parte del medio ambiente. A muchos de los elementos citados nos referimos también con frecuencia como «recursos naturales», pues de muchos de ellos obtenemos materiales: fluidos, gases o seres vivos de los que extraemos un provecho. Se trata, en definitiva, de la naturaleza, un entramado de complejos sistemas ecológicos de equilibrio entre los organismos y el medio en el que viven.

2.1.1. Humanos y medio ambiente

La acción humana comenzó a transformar el entorno miles de años atrás. Evidentemente esa transformación no siempre ha tenido la misma incidencia y expansión. Es en los últimos cien años, con los complejos procesos de industrialización, y muy especialmente en las últimas décadas, cuando la demanda sin precedentes de recursos por parte de una población mundial en rápido crecimiento, y con un extraordinario desarrollo tecnológico, ha sometido al planeta a un ritmo aceleradísimo de aprovechamiento, provocando un notable deterioro en la calidad de los sistemas naturales y poniendo en riesgo su capacidad de reposición.

El nivel de consumo y las actitudes abusivas de la sociedad actual se evidencian no solo en la enorme cantidad de recursos que extraemos del medio ambiente, sino también en el volumen de residuos que generamos. En relación con la quema de combustibles fósiles y la emisión de CO_2 a la atmósfera, ya no son solo los países industrializados los principales emisores de gases de efecto invernadero (Estados Unidos o los países de la Unión Europea), sino que estos últimos años se han sumado al consumo desmedido los llamados países emergentes, principalmente China e India —que entre ambos tienen el 38 % de la población mundial—. Actualmente, China es el país principal emisor de gases de efecto invernadero, seguido por Estados Unidos y la India.

Y el problema no son solo los gases de efecto invernadero. El nivel de consumo actual, con la consecuente generación de residuos, es desolador. Solo en España, se considera que de media un habitante genera un kilo y medio de basura al día, lo que se convierte en un año en casi media tonelada de basura producida por cada uno de nosotros. Si esto lo multiplicamos por todos los habitantes, nos da como resultado que en España generamos anualmente cientos de toneladas de basura. ¿Creéis que es fácil procesar toda esa basura? Además, están las industrias más contaminantes, las cuales no paran de crecer: la ganadería, la textil, el petróleo y la minería, entre otras. ¿Qué soluciones propondríais para reducir nuestro impacto en la naturaleza?

¿Sabías que…?

La Agencia Europea de Medio Ambiente (EEA por sus siglas en inglés) supervisa el estado de la naturaleza utilizando datos proporcionados bajo las directrices de protección de la naturaleza. Los estados miembros informan, entre otras cosas, datos extensivos sobre hábitats y especies cada seis años. De acuerdo con las últimas evaluaciones:

- Solo el 27 % de las especies protegidas presenta un buen estado de conservación, mientras que el 63 % tiene un estado de conservación pobre o malo. Los reptiles y las plantas vasculares tienen la mayor proporción de buen estado de conservación.

- Las actividades agrícolas son las que más frecuentemente generan presiones negativas sobre el estado de las especies.

- El 15 % de los hábitats tiene un buen estado de conservación, con un 81 % en mal estado (45 %) o pobre (36 %) en la UE.

- Los bosques muestran las tendencias más mejoradas. La mayor cantidad de tendencias de deterioro se observa en pastizales, hábitats de dunas y turberas, pantanos y ciénagas.

- La cobertura de áreas marinas protegidas aumentó, pasando a un 12,1 % entre 2012 y 2021. Sin embargo, es necesario incrementar significativamente los esfuerzos para alcanzar el objetivo de la estrategia de biodiversidad de la UE que busca proteger al menos el 30 % de los mares de la UE para 2030, asegurando además que todas las áreas protegidas estén efectivamente gestionadas.

- La estrategia de biodiversidad para 2030 tiene como meta restaurar al menos 25 000 km de ríos con flujo libre para 2030, eliminando barreras, construyendo pasajes para peces migratorios y restableciendo el flujo de sedimentos.

En nuestros días, la necesidad de protección del medio ambiente es un lema implantado en la conciencia general gracias a la labor de investigadores, colectivos, medios de comunicación y la respuesta en mayor o menor medida de los gobiernos a ese creciente grado de sensibilización. Sin embargo, pese a la gravedad de algunos indicadores, la sociedad en su conjunto y muchas de nuestras actitudes individuales mantienen comportamientos que ponen en riesgo la propia naturaleza y, en consecuencia, nuestra salud.

Es fundamental que todos seamos conscientes de la importancia de nuestras actitudes cotidianas, tanto en las actividades de ocio como profesionales, mediante una adecuada utilización de los recursos de nuestro entorno y la conservación del medio ambiente.

> Aquí tienes la Estrategia de Biodiversidad 2030:
>
> ENG: https://op.europa.eu/en/publication-detail/-/publication/31e4609f-b91e-11eb-8aca-01aa75ed71a1
>
> ESP: https://eur-lex.europa.eu/resource.html?uri=cellar:a3c806a6-9ab3-11ea-9d2d-01aa75ed71a1.0007.02/DOC_1&format=PDF

2.1.2. Principales causas y efectos del deterioro del medio ambiente

2.1.2.1. El efecto invernadero

En la atmósfera existen de forma natural gases como el dióxido de carbono (CO_2) que intervienen en el denominado efecto invernadero, un proceso igualmente natural que regula la temperatura media del planeta. Sin embargo, desde la Revolución Industrial, las emisiones «no naturales» de gases producidos por la actividad humana —especialmente, dióxido de carbono— han potenciado dicho proceso, provocando un incremento de la temperatura media en la Tierra con graves consecuencias sobre los procesos del clima.

El principal motor del cambio climático es el efecto invernadero. Algunos gases en la atmósfera de la Tierra actúan como el vidrio en un invernadero, atrapando el calor del Sol, evitando que escape nuevamente al espacio y causando calentamiento global. Como acabamos de decir, muchos de estos gases ocurren de forma natural, pero las actividades humanas están aumentando las concentraciones de algunos de ellos en la atmósfera, en particular:

- Dióxido de carbono (CO_2)
- Metano
- Óxido nitroso
- Gases fluorados

Algunos gases de efecto invernadero son emitidos por actividades humanas en cantidades menores. El metano es un gas de efecto invernadero más potente que el CO_2, pero tiene una vida atmosférica más corta. El óxido nitroso, como el CO_2, es un gas de efecto invernadero de larga duración que se acumula en la atmósfera durante décadas o siglos. Contaminantes que no son gases de efecto invernadero, incluyendo aerosoles como el hollín, tienen diferentes efectos de calentamiento y enfriamiento y también están asociados con otros problemas como la mala calidad del aire.

Las principales emisiones de CO_2 se producen por la combustión de petróleo y carbón (los denominados combustibles fósiles) y los derivados de ambos, los incendios forestales y las emisiones de procesos industriales. El CO_2 producido por actividades humanas es el mayor contribuyente al calentamiento global. Para 2020, su concentración en la atmósfera había aumentado un 48 % sobre su nivel preindustrial (antes de 1750). Causas naturales, como los cambios en la radiación solar o la actividad volcánica, se estima que han contribuido en menos de 0,1 °C al calentamiento total entre 1890 y 2010.

El **Pacto Verde Europeo** pretende convertir Europa en el primer continente climáticamente neutro, enfrentando la amenaza existencial que representan el cambio climático y la degradación ambiental, transformando la UE en una economía moderna, eficiente en el uso de recursos y competitiva, asegurando:

- Ninguna emisión neta de gases de efecto invernadero para el año 2050.

- Crecimiento económico desacoplado del uso de recursos.

- Que ninguna persona ni lugar sean dejados atrás.

Bajo la **Ley de Clima de la UE,** la Unión se ha comprometido a reducir sus emisiones netas de gases de efecto invernadero en al menos un 55 % para el 2030. La legislación *Fit for 55* ajusta todos los sectores de la economía de la UE para cumplir con este objetivo, poniendo a la UE en ruta para alcanzar sus metas climáticas de manera justa, rentable y competitiva.

Así, asistimos actualmente a un paulatino proceso de sustitución del petróleo y el carbón a la hora de generar energía por la implantación de las llamadas «energías limpias» en lo que ha venido a denominarse «transición energética» y «descarbonización»: utilizar la energía eólica, hidráulica, solar o térmica para generar energía con el menor impacto posible en la naturaleza. Un ejemplo más allá y todavía no viable, aunque en proceso de investigación, sería la obtención de energía por fusión nuclear —este tipo de reacción es la que se produce en el interior del Sol—, ya que mediante esta reacción se puede producir gran cantidad de energía y, en contra de la de fisión, no generar residuos radiactivos.

No obstante, conviene señalar que no toda esa energía procedente de fuentes renovables es impoluta, pues su implantación supone en ocasiones un error de concepción estableciendo elementos en enclaves naturales sin la imprescindible planificación territorial o sin estrictas evaluaciones de impacto ambiental y paisajístico. Sirva para comprender esto la instalación de parques eólicos en áreas de montaña, donde, además de generar una importante alteración paisajística, suponen la apertura de viales, el montaje de redes de evacuación (líneas de alta tensión incluidas), accidentes con la fauna (principalmente aves y murciélagos), etc., y alteran igualmente las formas de vida tradicionales de esas zonas, lo que ocasiona un impacto social y cultural.

> Más información sobre los impactos sobre la biodiversidad asociados con el desarrollo de la energía solar y eólica en el informe de la IUCN:
>
> https://portals.iucn.org/library/sites/library/files/documents/2021-004-En.pdf

2.1.2.2. La lluvia ácida

La **lluvia ácida** es una de las consecuencias de la contaminación atmosférica producida por las emisiones de gases a la atmósfera. Cuando cualquier tipo de combustible se quema, diferentes productos químicos se liberan al aire.

Centrales térmicas, fábricas, maquinaria industrial, vehículos y calefacciones queman combustibles; por lo tanto, todos somos productores de gases contaminantes. Algunos de estos gases, en especial el dióxido de azufre, reaccionan al contacto con la humedad del aire y se transforman en ácido sulfúrico, ácido nítrico y ácido clorhídrico. Estos ácidos se depositan en las nubes, y las precipitaciones que estas producen, que contienen pequeñas partículas de ácido, son lo que denominamos **lluvia ácida**.

La **lluvia ácida** tiene una gran cantidad y variedad de efectos nocivos sobre los ecosistemas en general y sobre suelos, vegetación y masas acuáticas en particular. Al aumentar la acidez de las aguas de ríos y lagos, se producen alteraciones importantes en esos medios; la vegetación sufre no solo las consecuencias del deterioro del suelo, sino también un daño directo por contacto, que puede llegar a ocasionar en algunos casos la muerte de ejemplares e incluso de grandes extensiones de bosques o matorral.

El problema ambiental que supone la **lluvia ácida** se ve además incrementado por tratarse de un proceso de contaminación transfronteriza, es decir, la contaminación que nosotros producimos viaja hacia enclaves situados a cientos o miles de kilómetros..., y viceversa.

2.1.2.3. El deterioro de la capa de ozono

De un modo sencillo podríamos denominar la **capa de ozono** como la membrana protectora que permite la vida en la Tierra. Si esta capa de unos cuarenta kilómetros de espesor sigue alterándose, la vida en el planeta, tal como hoy la conocemos, se verá seriamente en peligro.

Entre los contaminantes liberados a la atmósfera por la actividad humana y que afectan a la **capa de ozono,** se encuentran los clorofluorocarbonos (más conocidos por sus siglas, CFC), presentes por ejemplo en aerosoles, disolventes y refrigerantes (como las neveras, congeladores, espráis o aparatos de aire acondicionado). Estos gases alcanzan la estratosfera causando un debilitamiento de la **capa de ozono,** por lo que una mayor proporción de radiación ultravioleta alcanza la superficie de la Tierra, ejerciendo efectos nocivos sobre la salud de las personas y la vida de plantas y animales.

Las **radiaciones ultravioletas** afectan a los humanos sobre todo en la piel y los ojos, pudiendo originar diversos tipos de cáncer. También debilitan el sistema inmunitario, aumentando la probabilidad de padecer infecciones. Pero en un plano global, el incremento de radiaciones supone un incremento de las temperaturas medias. Quizás cuando nos hablan de incrementos de unas décimas en la temperatura media del planeta nos pueda parecer un asunto banal: cifras que manejan los científicos, pero que no alteran nuestra vida cotidiana; un error de análisis que muchos cometemos. Esas pocas décimas de grado nos afectan directamente en infinidad de cuestiones que tantas veces pasan desapercibidas, pero muy próximas en realidad. Las cosechas, los ciclos vitales de muchas especies, los regímenes de lluvia o nieve, el mantenimiento de las masas de hielo en el Ártico... Todo ello depende de esas escasas décimas que pueden variar arriba o abajo, alterando un sistema tan sensible como es el de la vida en la Tierra.

2.1.2.4. La desertificación

Cuando un suelo fértil y productivo pierde total o parcialmente su productividad por un proceso de degradación ecológica, hablamos de desertificación. Sucede como resultado de la deforestación masiva, la erosión del suelo como resultado de incendios, usos abusivos de acuíferos y la ausencia o la alteración del régimen de precipitaciones, entre otras muchas causas. El resultado son tierras estériles que no pueden utilizarse para la producción de cosechas ni para otros propósitos agroganaderos o forestales, y un empobrecimiento de la biodiversidad en su conjunto en las áreas afectadas.

Trece Estados miembros de la UE, no solo en la región mediterránea sino también en Europa Central y Oriental, han declarado que están afectados por la desertificación. La desertificación es una consecuencia, pero también una causa del cambio climático: es agravada por más sequías, temperaturas ascendentes, menor precipitación y, además, amplifica el cambio climático al reducir la capacidad del suelo para retener carbono.

Todas las medidas que protegen los suelos contra la erosión, la salinización y otras formas de degradación del suelo previenen la desertificación. Mantener la cobertura vegetal ayuda a proteger el suelo contra la erosión y la salinidad. Pero mantener la cobertura forestal no es exclusivamente realizar plantaciones forestales con especies de rápido crecimiento y alto valor de mercado. Debe procurarse la conservación de la vegetación existente, las formaciones autóctonas, ya sean de bosque o matorral, y especialmente los llamados «bosques maduros», formaciones diversas de árboles en distintas fases de edad y con nula o muy poca alteración humana.

> Más información sobre desertificación en la UE en el siguiente informe:
>
> https://www.eca.europa.eu/lists/ecadocuments/bp_desertification/bp_desertification_en.pdf

El término desierto nos traslada mentalmente a enclaves naturales muy lejanos a nuestras latitudes. Pero la desertificación no necesariamente implica la presencia de desiertos. Puede suceder lejos de cualquier desierto climático y la presencia o ausencia de un desierto cercano no tiene una relación directa con el proceso de desertificación. Muchas áreas del sudeste de la península ibérica (Alicante, Murcia, Almería) y algunas zonas del húmedo norte (sierras del occidente de Asturias, del oriente de Lugo y noroccidente de León) están sufriendo, por distintas causas, claros efectos de desertificación y pérdida de suelos.

Existe una línea tenue entre tierras áridas, tierras desertificadas y desiertos, pero una vez que se cruza, es difícil regresar, ya que restaurar el suelo es un proceso lento. Puede llevar quinientos años formar 2,5 centímetros de suelo pero solo unos pocos años destruirlo. Es mucho más rentable proteger las tierras secas de la degradación que revertir el proceso. Una vez degradadas permanentemente, las tierras aún pueden ser utilizadas para otras actividades humanas (por ejemplo, construcción de viviendas y carreteras, instalación de paneles solares, etc.) y, por lo tanto, podrían ser viables desde el punto de vista económico, pero se pierde su biodiversidad, productividad del suelo y hábitats, así como su función de mantener vivo el ecosistema y de producir alimentos.

La Convención de las Naciones Unidas de Lucha contra la Desertificación (UNCCD) es un acuerdo internacional que establece un marco global para la lucha contra la desertificación. Se fundó en 1994, después de la Cumbre de la Tierra en Río de Janeiro en 1992. Se trata de un acuerdo jurídicamente vinculante en materia de tierras que aborda la degradación de estas y la desertificación, proporcionando una plataforma para la adaptación, la mitigación y la resiliencia. En 2017, la UNCCD adoptó su marco estratégico 2018-2030, centrado en alcanzar el objetivo 15.3 de los Objetivos de Desarrollo Sostenible (ODS): lucha contra la desertificación. Como parte de la UNCCD, la UE ha confirmado su compromiso de lograr la neutralidad en la degradación de la tierra para el año 2030.

2.1.2.5. La destrucción de los bosques

La presencia de un bosque determina un intercambio constante de dióxido de carbono y oxígeno entre los organismos vivos y la atmósfera. Las plantas consumen dióxido de carbono y liberan oxígeno; cuando mueren, ocurre lo contrario.

Los bosques son una fuente de incalculable riqueza biológica. Regulan el abastecimiento de los acuíferos, actuando como esponjas que absorben el agua de lluvias y nieblas; protegen las capas más superficiales y fértiles del suelo; y son actores de primer nivel en la regulación del clima. Además, en nuestro provecho, son proveedores de madera, frutos, setas, forraje para el ganado y plantas de utilísima aplicación para las personas, entre otros muchos beneficios a los que hay sumar la fuente de belleza que nos proporcionan.

La deforestación consiste en la destrucción de las masas arboladas o arbustivas por talas —para usos madereros, minería o implantación de infraestructuras, entre otras—, los incendios o la sustitución de la vegetación natural por plantaciones forestales con especies de crecimiento rápido, cultivos agrícolas o explotaciones ganaderas.

Cuando un bosque desaparece, el agua de lluvia fluye sin penetrar en las capas más profundas del suelo y la tierra se deseca por la acción del sol y del viento, quedando desprotegida. Además, la pérdida de biodiversidad es dramática, se incrementan los riesgos de inundaciones, corrimientos de tierra y procesos de contaminación de las aguas.

El hecho de que alrededor del diez por ciento de los bosques del mundo, una superficie mayor que la Unión Europea, se haya perdido debido a la deforestación en los últimos treinta años es preocupante. Además, aproximadamente el diez por ciento de los bosques en todo el mundo están severamente fragmentados, con poca o ninguna conectividad. A pesar de que este no es un fenómeno nuevo, la escala y el ritmo actuales de destrucción son alarmantes. La magnitud de esta destrucción tiene importantes repercusiones sociales, económicas y ambientales, tanto a nivel local como global.

Es fundamental conservar espacios boscosos maduros, pues la regeneración de un bosque destruido o alterado es un proceso con cientos de años de duración. Igual de valioso es observar algunas formaciones de matorral —muchas veces hábitats naturales o fases previas a la regeneración de masas arboladas— sin imponer ritmos forzados a los ciclos espontáneos regidos por el ritmo pausado que siguen los procesos en la naturaleza.

En España, los incendios —prácticamente todos ellos son provocados— y la tala de árboles son los principales problemas a los que se enfrentan los bosques. Cada año se queman cientos de miles de hectáreas, destrozando bosques y suelo, y matando miles de animales. Los incendios continuos en un mismo lugar acaban haciendo desaparecer el suelo. Además, la plantación de especies no autóctonas, como pinos o eucaliptos, favorece la expansión del fuego y la potencial destrucción de los suelos.

Si salimos de nuestro país, en los últimos años nos encontramos con los grandes incendios del Amazonas, que están quemando miles de hectáreas de árboles que tardarán cientos de años en recuperarse, si es que se recuperan...

La deforestación es un factor principal en el cambio climático y la pérdida de biodiversidad, y la UE contribuye a ella a través del consumo de una parte significativa de productos asociados con la deforestación, de manera que desde la Comunidad Europea se tiene la responsabilidad de contribuir a su regulación o eliminación absoluta. Relacionadas con esta obligación, la UE presenta cinco **principales prioridades** vinculadas a la deforestación:

1. Reducir la huella del consumo en el uso de la tierra y fomentar el consumo de productos de la UE procedentes de cadenas de suministro libres de deforestación. Esto puede incluir políticas e incentivos que promuevan la sostenibilidad en la producción de bienes importados.

2. Trabajar en colaboración con los países productores para reducir la presión sobre los bosques. Esta colaboración puede tener forma de ayuda para el desarrollo, asistencia técnica y creación de capacidad para ayudar a estos países a gestionar sus recursos forestales de manera más sostenible.

3. Fortalecer la cooperación internacional para detener la deforestación y la degradación forestal y fomentar la restauración de los bosques. Esto puede implicar participar activamente en iniciativas globales como la UNCCD y apoyar acuerdos internacionales que promuevan la gestión forestal responsable.

4. Redireccionar la financiación para apoyar prácticas de uso de la tierra más sostenibles. Esto puede incluir la reforma de las subvenciones agrícolas para premiar la gestión sostenible del suelo y la inversión en soluciones

basadas en la naturaleza para el cambio climático y la conservación de la biodiversidad.

5. Apoyar la disponibilidad y calidad de la información sobre los bosques y las cadenas de suministro de materias primas, el acceso a dicha información, y apoyar la investigación y la innovación. Por ejemplo, desarrollar sistemas de monitoreo forestal mejorados y fomentar tecnologías innovadoras que ayuden a la trazabilidad de los productos desde su origen hasta el consumidor.

Estos objetivos reflejan la necesidad de diversas acciones que van desde la política interna hasta la cooperación externa y el apoyo tecnológico, los cuales son fundamentales para abordar la compleja cuestión de la deforestación.

Además, desde la Unión Europea se está promoviendo el uso de productos «libres de deforestación». La entrada en vigor el 29 de junio de 2023 del **Reglamento (UE) 2023/1115 del Parlamento Europeo y del Consejo, de 31 de mayo de 2023, relativo a la comercialización en el mercado de la Unión y a la exportación desde la Unión de determinadas materias primas y productos asociados a la deforestación y la degradación forestal,** supuso un hito importante en los esfuerzos de la UE para combatirlas. Este reglamento aborda directamente el rol que juega la ampliación de tierras agrícolas destinadas a la producción de materias primas como el ganado, la madera, el cacao, la soja, el aceite de palma, el café, el caucho y algunos de sus productos derivados, tales como el cuero, el chocolate, los neumáticos o el mobiliario. Con este reglamento se instaura una norma según la cual cualquier operador o comerciante que venda estos productos en el mercado de la UE o que los exporte desde él debe demostrar que no provienen de tierras que han sido deforestadas recientemente o que han contribuido a la degradación forestal. Este enfoque de regulación podría fomentar prácticas más sostenibles y contribuir a un mercado global más consciente de la procedencia ética y sostenible de los productos básicos.

Más información sobre el Reglamento de la Unión Europea para el consumo de productos libres de deforestación y degradación forestal:

https://eur-lex.europa.eu/legal-content/EN/
TXT/?qid=1565272554103&uri=CELEX:52019DC0352

https://eur-lex.europa.eu/legal-content/ES/TXT/PDF/?uri=CELEX:32023R1115

2.1.2.6. La contaminación de las aguas

La contaminación del agua puede proceder de fuentes naturales —como el mercurio que se encuentra en la corteza de la Tierra— o ser el resultado de la actividad humana. El desarrollo y la industrialización suponen un elevado consumo de agua y una gran generación de residuos que se depositan en acuíferos, ríos, lagos y mares.

Las aguas superficiales son hábitats extremadamente importantes. Son clave para apoyar a la sociedad y la economía, y las aguas limpias y sin contaminar son esenciales para unos ecosistemas saludables. No obstante, las aguas superficiales tradicionalmente han sido utilizadas como vías de desecho para residuos humanos, agrícolas e industriales, lo que daña la calidad del agua. También han sido modificadas (a través de la construcción de presas, canales, etc.) para facilitar la agricultura y urbanización, producir energía y proteger contra inundaciones, todo lo cual puede alterar y degradar los hábitats.

Los principales focos de contaminación producida por los humanos son:

- La industria.
- La agricultura y la ganadería.
- Los vertidos urbanos.

Ríos y océanos se encuentran en un proceso muy grave de deterioro. Están amenazados por la contaminación, la sobreexplotación de los recursos fluviales, marítimos y de las aguas subterráneas, y por la presión urbanística, industrial y turística sobre las áreas costeras.

Sí, todo esto está muy bien, ¡pero no será para tanto!, pensará el lector... Bien, pongamos en sus manos algunas cifras que pueden ayudar a una mejor comprensión. De toda el agua del planeta solo un 6 % es agua continental, es decir, agua dulce en ríos, lagos o masas congeladas. Y de ese 6 %, únicamente el 0,4 % es agua líquida sobre la superficie... Pero ¿y los océanos? Efectivamente los océanos ocupan la mayor superficie de la Tierra y forman vastas extensiones. Sin embargo, la presión que ejercemos sobre ellos es inmensa. Se estima que en Europa el 30 % de la población vive en la franja de 50 kilómetros más próxima a las costas, y se calcula que una comunidad de unos cinco millones de habitantes acaba vertiendo al mar, en un solo año, la misma cantidad de hidrocarburos que los derramados por el petrolero Exxon Valdez en el tristemente famoso accidente de Alaska en 1989.

¿Sabías que…?

La **Directiva Marco del Agua** tiene como objetivo alcanzar un buen estado para todos los ríos, lagos y aguas costeras y de transición en la UE. Lograr un buen estado ecológico de las aguas superficiales es fundamental para ello. Según los planes de gestión de cuencas hidrográficas de los países, para 2015 se había logrado un buen estado ecológico en aproximadamente el cuarenta por ciento de las aguas superficiales (ríos, lagos y aguas costeras y de transición). Sin embargo, estos planes solo muestran una mejora limitada en el estado ecológico desde la publicación de los primeros planes en 2009, permaneciendo el estado ecológico similar para la mayoría de los cuerpos de agua.

Un problema actual que está en boca de todos son los plásticos en el mar. Todos sabemos que en el mar hay plásticos, y que las tortugas y algunas especies de cetáceos y de aves los ingieren por accidente o confundiéndolos con presas, pero pocos somos conscientes de la magnitud de este problema. El océano está lleno de plásticos (ese envoltorio de bocadillo que tiramos, ya sea al suelo o a la basura, puede volar y acabar en el océano, junto con todas las toneladas actuales de plástico que hay), pero todos pensamos que no es nuestra culpa. Sin embargo, hay numerosas islas de plástico en todos los océanos, siendo la más grande la que se encuentra en el norte del Pacífico, que tiene el tamaño de España y Francia juntas, y sigue creciendo. Se estima que para el 2050 habrá en los océanos más plásticos que peces.

¿Sabías que…?

1. Alrededor de un millón de botellas de plástico se compran cada minuto en todo el mundo y hasta cinco billones de bolsas de plástico se utilizan cada año (UNEP, 2018). Parte de estos desechos terminan en los mares europeos, donde se estima que anualmente se acumulan 626 millones de objetos flotantes (o 3382 toneladas de residuos) (González-Fernández *et al.*, 2021). En Europa, la demanda de plástico sigue en aumento y se genera más desperdicio de plástico.

2. La basura marina se define como todos los objetos sólidos fabricados por humanos que terminan en el entorno costero o marino. La principal causa es la mala gestión de los residuos y el vertido de basura en el

continente, aunque las actividades marítimas también contribuyen al problema. Las fuentes terrestres son responsables del 80 % de la basura marina, y aproximadamente el 85 % de esta es plástico, lo que representa un gran problema debido al impacto del plástico en la vida marina y la salud humana a través de la cadena alimentaria. El plástico puede durar hasta quinientos años en algunos casos.

3. El embalaje de plástico y los pequeños artículos de plástico constituyen casi el 80 % de los residuos de plástico y son prevalentes en las playas europeas. Aunque la cantidad de residuos sigue aumentando, la capacidad actual de gestión de residuos es limitada. La mayoría de los artículos de plástico que se usan y desechan se reciclan, incineran o almacenan correctamente en instalaciones de residuos. Sin embargo, una parte mal gestionada de ese desecho continúa contaminando nuestros mares.

4. Los residuos que no se pueden recoger o gestionar adecuadamente terminan filtrándose en el ambiente y son llevados al mar por los ríos. El resultado es que el 75 % de las áreas marinas evaluadas están contaminadas.

5. La generación de residuos de plástico en Europa está creciendo a un ritmo aún más rápido que el crecimiento económico. El aumento continuo en la generación de residuos no está alineado con el objetivo de la UE de prevenir significativamente los residuos y reducir los plásticos.

6. El plan de acción de cero contaminación de la UE, el plan de acción de economía circular (incluyendo su estrategia de plásticos), la Directiva Marco de la Estrategia Marítima y la Directiva de Plásticos de un Solo Uso tienen como objetivo frenar el problema. Sin embargo, para lograr los objetivos verdes de Europa, necesitamos una comprensión más holística de la basura marina, desde la fuente hasta el mar.

2.1.2.7. La contaminación del suelo

Todas las actividades que sustentan el desarrollo económico de la sociedad, desde las actividades industriales a las explotaciones mineras, pasando por la agricultura o el vertido de residuos, conllevan la liberación de elementos que modifican las propiedades físicas, químicas o biológicas de los suelos.

La contaminación de suelos comporta graves efectos, tanto para el medio ambiente en general como para las personas en particular, y su implantación es, además, de muy larga duración y de difícil y costoso tratamiento. Por ello, es necesario implantar medidas adecuadas para reducir los efectos adversos que se generan.

Pongamos un ejemplo cercano: la mayoría de las actuales explotaciones ganaderas generan toneladas de purines que son vertidas a los campos. Los suelos no tienen capacidad para capturar semejante cantidad de residuos y en la actualidad se empiezan a presentar problemas graves en acuíferos, que es donde acaban muchos de estos residuos.

2.1.2.8. La pérdida de biodiversidad

El deterioro del medio ambiente afecta negativa y directamente a la biodiversidad, es decir, a los seres vivos que pueblan la Tierra, entre los que nos contamos.

La palabra *biodiversidad,* como afirma Miguel Delibes de Castro en su libro *Vida. La naturaleza en peligro,* está de moda. Pero ¿a qué nos referimos cuando usamos esta palabra? Pues la biodiversidad viene a ser un término que ampara la variedad de formas de vida, animal y vegetal, de la Tierra. La diversidad biológica es la base de actividades tales como la producción de alimentos o la elaboración de medicinas. Por ejemplo, la producción intensiva de cereales como el trigo o el arroz ha sido desarrollada a partir de especies seleccionadas a través de siglos de prácticas agrícolas en diversas partes del planeta. La biodiversidad es también la base principal de actividades industriales, como es el caso de la extracción y aprovechamiento de los recursos forestales, pesqueros, etc. No hay duda de que la conservación y los aprovechamientos sostenibles de las formas de vida que nos rodean nos reportan muchos más beneficios que su destrucción o su esquilmación.

Tanto la Península como Europa poseen una asombrosa diversidad de animales salvajes, plantas y hábitats, muchos de los cuales no se encuentran en ninguna otra parte del mundo. Sin embargo, gran parte de nuestro patrimonio natural se ha perdido a lo largo de los años debido a la expansión urbana, la agricultura intensiva, la silvicultura y la pesca, la contaminación y otras actividades humanas. Esto ha llevado a la desaparición y degradación a gran escala de muchas áreas naturales valiosas y de las especies que viven en ellas. Hoy, más de un cuarto de las especies animales de Europa está en riesgo de extinción.

Puedes ver el catálogo del estado y distribución de los mamíferos de Europa aquí:

https://op.europa.eu/en/publication-detail/-/publication/fe73cf57-53cb-401c-a375-79203bf725b9

Pero ¿tan grave es el proceso de pérdida de biodiversidad? Según una estimación promovida por Edward O. Wilson, que precisamente acuñó y popularizó el término *biodiversidad,* en la actualidad se están extinguiendo unas 27 000 especies de animales y plantas al año, lo que supone aproximadamente 74 especies al día o, si se prefiere, 3 especies a la hora...

¿Sabías que...?

1. El 81 % de los hábitats están en mal estado: esto indica una degradación generalizada de los ecosistemas en toda Europa, probablemente debido a una combinación de factores como la expansión agrícola, el desarrollo urbano, la contaminación y el cambio climático.

2. El retorno de la inversión en restauración de la naturaleza: por cada euro invertido en la restauración de la naturaleza, se estima un retorno de 4 a 38 euros en beneficios. Este beneficio económico proviene de servicios ecosistémicos como la mejora de la calidad del agua, la protección contra inundaciones, la captura de carbono y la mejora de espacios recreativos. Esta proporción es un argumento poderoso para los esfuerzos de conservación, destacando no solo el incentivo ambiental, sino también el económico para restaurar y proteger los hábitats naturales.

3. El declive de los polinizadores: una de cada tres especies de abejas y mariposas está en declive, lo cual es alarmante teniendo en cuenta su papel crucial en la polinización. La disminución de los polinizadores puede afectar profundamente la reproducción de las plantas y los rendimientos en la agricultura, lo que lleva a una disminución en la variedad de cultivos y de la seguridad alimentaria.

¿Y somos nosotros, los humanos, los responsables directos de que esta extinción masiva se esté produciendo? Pues sí, rotundamente sí. Aunque en el pasado, incluso en el muy pasado, se produjeron extinciones masivas —entre ellas, la muy conocida por su divulgación cinematográfica que acabó con los grandes dinosaurios—, el ritmo actual de desaparición de especies se debe a causas humanas en cuatro grandes bloques:

• La persecución directa, que ocasiona la muerte de ejemplares hasta el agotamiento de las poblaciones. Un ejemplo cercano de este fenómeno, entre los miles que existen, es el del urogallo cantábrico, especie a la que igualmente afecta el siguiente de los bloques. Otro ejemplo es el del dodo, un ave que vivía en la isla Mauricio, en el Índico. La llegada de los exploradores a la isla en el siglo XVI hizo que un siglo más tarde esta ave desapareciera, convirtiéndose en un emblema de las especies extintas por consecuencia de los seres humanos.

- La destrucción de hábitats por distintos usos (industria, generación de energía, retirada de biomasa...).

- La introducción de especies foráneas. Otro ejemplo cercano para ilustrar esto lo representa la proliferación del llamado plumero de la Pampa, ese arbusto con flores en forma de plumero que, introducido con fines ornamentales, invade hoy grandes áreas de las zonas costeras de Asturias y Cantabria. Otro ejemplo de especies invasoras es la tortuga de Florida. ¿Quién no ha tenido de pequeño una tortuga de agua con esas orejas rojas? El problema es que luego crecían, y ya no era tan bonito tenerlas, así que se tiraban al río o al estanque más cercano: hoy en día son una especie invasora que está acabando con las tortugas autóctonas y otras especies.

- Y un último bloque, derivado y relacionado con los anteriores, que se refiere a la ruptura del equilibrio ecológico por la ausencia de una o más especies.

Si todo o parte de lo expuesto no nos parece suficiente, pues preferimos aprovechar los beneficios inmediatos que nos puede generar comernos un animal, tener una mesa de alguna rara madera o construirnos una casa en la costa con un estupendo jardín, detengámonos a pensar que la conservación de la biodiversidad debe ser también un compromiso ético de las personas, pues es evidente que muchas especies de animales y plantas no nos generan ningún beneficio conocido —y la inmensa mayoría tampoco ningún perjuicio—. Sin embargo, no por ello debemos actuar con desdén o desprecio, pues todas ellas, absolutamente todas, desempeñan una función determinada y utilísima en el complejo entramado de la naturaleza. La naturaleza es como un motor de un coche o como la estructura de un avión, si por alguna razón se pierde o se estropea alguna de las piezas (es decir, de las especies), puede que el motor se pare y deje de funcionar, o que el avión pierda algún tornillo y se caiga (y con él, todos los pasajeros, o nosotros junto con las demás especies).

Preservar y restaurar la rica biodiversidad es una de las máximas prioridades, como se detalla en la **estrategia de biodiversidad de la UE para 2030**. Por otro lado, la **Ley de Restauración de la Naturaleza de la Comisión Europea** tiene como objetivo abordar estas preocupaciones mediante la obligación de restaurar los ecosistemas para mejorar su estado, lo que a su vez apoyaría la recuperación de las poblaciones de polinizadores y ofrecería beneficios económicos a través de servicios ecosistémicos mejorados. Resalta la conexión esencial entre la salud ambiental, la conservación de la biodiversidad y la prosperidad humana. La **Estrategia de Biodiversidad de la Unión Europea para 2030** es un plan integral, ambicioso y a largo plazo para proteger la naturaleza y revertir la degradación de los ecosistemas. La estrategia tiene como objetivo poner la biodiversidad de Europa en un camino hacia la recuperación para 2030, y contiene acciones y compromisos específicos.

LA NUEVA LEY DE RESTAURACIÓN ECOLÓGICA

La propuesta de Ley de Restauración de la Naturaleza de la Comisión Europea es la primera ley de este tipo en abarcar un continente entero de manera integral. Constituye un elemento clave de la Estrategia de Biodiversidad de la UE, que establece objetivos vinculantes para restaurar los ecosistemas degradados, en particular aquellos con mayor potencial para capturar y almacenar carbono y para prevenir y reducir el impacto de los desastres naturales. La naturaleza en Europa está en alarmante declive, con más del ochenta por ciento de los hábitats en mal estado. La restauración de humedales, ríos, bosques, pastizales, ecosistemas marinos y las especies que albergan ayudará a:

1. Incrementar la biodiversidad: aprovechando la capacidad intrínseca de los ecosistemas de albergar diversas formas de vida, fortaleciendo cadenas alimenticias y sistemas ecológicos completos.

2. Asegurar los servicios ecosistémicos: que la naturaleza proporciona gratuitamente, como la limpieza de agua y aire, la polinización de cultivos y la protección contra inundaciones.

3. Limitar el calentamiento global a 1,5 °C: restaurando ecosistemas que actúan como sumideros de carbono, como los bosques y humedales, que absorben grandes cantidades de CO_2 de la atmósfera.

4. Construir la resiliencia de Europa y la autonomía estratégica: previniendo desastres naturales y reduciendo los riesgos para la seguridad alimentaria al mejorar la salud y la sostenibilidad de los entornos naturales que apoyan la agricultura y la protección contra eventos climáticos extremos.

El enfoque holístico de la ley se alinea con la visión de un futuro más sostenible y es crucial para contrarrestar tendencias preocupantes como la pérdida de biodiversidad y los crecientes riesgos asociados al cambio climático.

Más información sobre la pérdida de biodiversidad:

https://ec.europa.eu/environment/stories/nature-needs-you/

2.1.2.9. El sistema de transportes

El desarrollo de los distintos sistemas de transportes impulsado desde la mitad del pasado siglo XX ha acarreado importantes problemas de contaminación y seguridad, así como el incremento de las redes de comunicación. Los principales impactos sobre la sostenibilidad de las actividades de transporte se pueden resumir en los siguientes puntos:

• Riesgos directos para la salud humana, en forma de accidentes de diversa naturaleza.

• Alteraciones de la estructura social y territorial, con afecciones al paisaje y la biodiversidad.

• Uso de recursos renovables y no renovables, como energía, suelo, minerales y otros materiales.

• Emisión de gases de efecto invernadero (GEI) y otros contaminantes.

• Vertidos a medios acuáticos, tanto marinos como continentales.

• Contaminación atmosférica, acústica y lumínica.

• Residuos, tanto durante la fase de construcción de infraestructuras como de los medios de transporte al final de su vida útil.

La estructura de carreteras y transportes tiene efectos directos e indirectos sobre los patrones y procesos ecológicos. En particular, el movimiento de los animales se ve especialmente obstaculizado a medida que aumenta la densidad de carreteras o vías de AVE, causando la fragmentación del hábitat. Además de las muertes por atropello, la red de transporte divide los hábitats y las poblaciones de las especies de esa área, aislando a los individuos y pudiendo llegar a producir problemas genéticos en ausencia de intercambio. Aunque los efectos de barrera no son similares en todas las carreteras, las características geométricas de estas (por ejemplo, tipo de carretera, anchura, presencia de vallas) presentan problemas significativos para los animales, resultando en hábitats fragmentados y, a menudo, poblaciones aisladas. La mitigación para disminuir los efectos de barrera incluye, entre otras cosas, la construcción de estructuras de cruce de dos tipos generales; aquellas que cruzan por encima de la carretera y aquellas que proporcionan paso por debajo. El número, tipo, configuración y ubicación de las estructuras de cruce determinarán si la permeabilidad puede ser restaurada. (Bissonette, J. A. 2005).

Según estimaciones del **Grupo Intergubernamental de Expertos sobre el Cambio Climático** (IPCC), el transporte contribuye con aproximadamente un 13 % a las emisiones globales de gases de efecto invernadero. Además, esta cifra crece a más velocidad que la del resto de sectores. Se estima que en 2050 esta contribución global del transporte a las emisiones de GEI puede llegar a alcanzar el 30 % del total. Para evitar los peores efectos del cambio climático, es imprescindible que los habitantes de los países industrializados hagamos un esfuerzo para que este sector reduzca sus emisiones de GEI. En los últimos años se está haciendo cada vez más habitual el uso de coches eléctricos o híbridos, lo cual contribuiría a reducir la emisión de gases de efecto invernadero. Sin embargo, esto abre un nuevo debate, ya que la producción de las baterías de los coches eléctricos consume también una gran cantidad de recursos naturales además de los problemas asociados a qué hacer con ellas una vez nos deshagamos de las mismas, ya que todavía no es posible reciclarlas.

Por otro lado, el ruido ambiental es un contaminante omnipresente que afecta negativamente a la salud y el bienestar de los ciudadanos y a la fauna silvestre. Aunque el ruido es producto de muchas actividades humanas, las fuentes más extendidas de ruido ambiental están relacionadas con el transporte. Como resultado, el ruido causado por el transporte se considera la segunda causa ambiental más significativa de enfermedad en Europa occidental, detrás de la contaminación por partículas finas en suspensión (OMS y JRC, 2011; Hänninen *et al.,* 2014). Según la Organización Mundial de la Salud (OMS), la exposición prolongada al ruido ambiental está asociada con un aumento del riesgo de resultados negativos en la salud fisiológica y psicológica (OMS, 2018). Con proyecciones de un rápido crecimiento urbano y un aumento de la demanda de transporte, se puede anticipar un aumento simultáneo en la exposición al ruido y los efectos adversos asociados (Jarosińska *et al.,* 2018). Además, también hay evidencia creciente sobre los efectos nocivos del ruido del transporte en la fauna silvestre (Shannon *et al.,* 2016). Los efectos del ruido varían dependiendo de la especie, aunque, en general, el ruido puede interferir con la alimentación y el comportamiento reproductivo de los animales.

¿Sabías que...?

1. El ruido antropogénico no solo afecta a las especies sensibles al ruido, sino que también tiene impactos en una amplia gama de especies terrestres y acuáticas que habitan en ecosistemas muy diferentes.

2. El ruido antropogénico provoca una serie de respuestas fisiológicas y comportamentales en la fauna terrestre y marina, lo que puede llevar a un éxito reproductivo reducido, un aumento del riesgo de mortalidad y emigración, resultando en densidades de población disminuidas.

3. Aunque las respuestas al ruido dependen mucho de las especies, los efectos pueden comenzar a aparecer en niveles tan bajos como 40 dB para animales terrestres. Además de los niveles de ruido, los impactos también pueden depender de la frecuencia y del tipo de ruido.

4. Al menos el 19 % de las áreas de protección de la naturaleza cubiertas por Natura 2000 se encuentran en áreas donde los niveles de ruido están por encima de los umbrales del informe de la Directiva de Ruido Ambiental debido a carreteras, ferrocarriles y otras infraestructuras de transporte.

Más información sobre el efecto del ruido en los seres humanos y en la biodiversidad en el informe sobre el ruido ambiental:

https://www.eea.europa.eu/publications/environmental-noise-in-europe)

2.1.2.10. Los residuos

La generación de **residuos** es una consecuencia directa de cualquier tipo de actividad desarrollada por las personas. En un pasado aún reciente, una gran parte de los **residuos** eran reutilizados en muy diversos usos, pero hoy en día nos encontramos en una sociedad que genera **gran cantidad y variedad de residuos.** Cada vez consumimos más, y el estilo de vida en el que nos encontramos nos hace gastar a todos cada día infinidad de elementos de usar y tirar; generamos objetos que, por unos minutos de uso, acaban cientos de años en la naturaleza (por ejemplo, las botellas de plástico de agua envasada). En hogares, oficinas, mercados, industrias, trenes, aviones, hospitales, etc., se producen residuos que es imprescindible recoger, tratar y eliminar adecuadamente. En España se estima que aproximadamente un 10 % de la basura que generamos se incinera y un 30 % se recicla, pero el 60 % acaba en vertederos. Aquí la basura se comprime, pero la mayoría de esa basura no se puede procesar, quedando acumulada durante los cientos de años que tarde en desaparecer.

Los residuos municipales comprenden los residuos generados por los hogares y los residuos de otras fuentes que son similares en naturaleza y composición a los residuos domésticos, como los de pequeñas empresas comerciales e instituciones públicas (UE, 2018). Estos constituyen el 27 % del total de residuos, excluyendo los grandes desechos minerales, generados en la UE (Eurostat, 2022a; 2022b). Dado que es una mezcla compleja de materiales —reciclables y no reciclables, peligrosos y no peligrosos—, requiere una buena gestión.

La conciencia por el reciclaje ha experimentado en estos últimos años un aumento considerable, pero todavía queda mucho trabajo por hacer para conseguir que España se acerque a porcentajes similares a otros países europeos. La política de residuos de la UE está guiada por una jerarquía de residuos de cinco pasos, introducida por la **Directiva Marco de Residuos** (UE, 2018). Esta jerarquía prioriza la prevención de residuos, seguida por la reutilización, el reciclaje y otras formas de recuperación, con la disposición como último recurso.

Si organizamos bien nuestro espacio —y sobre todo tomamos la imprescindible conciencia del casi imborrable efecto que producen los **residuos**—, podremos fácilmente reciclar papel, vidrio, pilas y baterías, medicamentos, plásticos, envases, latas y metales. Reciclar ayuda a reducir el problema del exceso de basura que generamos.

Sin embargo, en solamente reciclar no está la solución. Tengamos en cuenta que muchos de los objetos que usamos en el día a día no es posible reciclarlos (por ejemplo, cepillos de dientes, pajitas, cubiertos de un solo uso, etc.), además de los recursos que se consumen en su producción. Se hace necesario un cambio en nuestra rutina, un cambio de mentalidad. Cada vez más a menudo se tiene en cuenta la regla de las tres erres: reducir, reutilizar y reciclar. El primer cambio que tenemos que hacer en nuestra rutina es consumir menos, **reducir**; consumir solo lo necesario o comprar de segunda mano, es decir, **reutilizar**. Finalmente, cuando algo ya no nos sirve, nos queda desprendernos de ello de la mejor manera pensando en que quizás pueda tener otro uso, es decir, **reciclar**.

¿Sabías que...?

1. El objetivo del plan de acción de la economía circular de la Unión Europea de reducir a la mitad los residuos municipales para 2030 y las metas de reciclaje de la UE para los mismos están intrínsecamente vinculados. En los últimos cinco años, la cantidad de residuos municipales generados cada año se ha estabilizado en aproximadamente 113 millones de toneladas, a pesar de que la tasa de reciclaje de la UE aumentó levemente del 45 % en 2015 al 48 % en 2020. Alcanzar el objetivo de reducir a la mitad los residuos municipales para 2030 significaría reducirlos en alrededor de 56,5 millones de toneladas.

2. Incluso si todos los Estados miembros de la UE alcanzan su objetivo de reciclaje del 60 % para 2030, las tendencias actuales indican que la cantidad de residuos municipales podría superar los 80 millones de toneladas, sin cumplir el objetivo superado por más de 23 millones de toneladas.

3. Si la generación de residuos sigue creciendo, al menos el 72 % de los residuos generados tendrían que ser reciclados para cumplir con el objetivo del plan de acción de economía circular de reducir a la mitad la cantidad de residuos para 2030, una tasa de reciclaje significativamente más alta que la actual. Alternativamente, el objetivo también podría alcanzarse reduciendo la cantidad de residuos generados en un tercio, o a través de una combinación de estos enfoques.

4. Prevenir la generación de residuos, especialmente los residuos no reciclables, ofrecería los mayores beneficios para el medio ambiente. La reducción de residuos necesaria para cumplir con el objetivo requeriría medidas de prevención muy ambiciosas y que se implementarían, por ejemplo, aumentando la vida útil de los bienes de consumo y asegurando un fuerte apoyo para la reutilización de productos.

Más información en el informe de la Agencia Europea de Medioambiente «Seguimiento del progreso en la prevención de residuos»:

https://www.eea.europa.eu/publications/tracking-waste-prevention-progress

---

EL PROBLEMA ACTUAL DE LOS RESIDUOS RELACIONADOS CON EL TEXTIL Y LA *FAST FASHION*

En promedio, los ciudadanos/as europeos/as utilizan casi 26 kilos de textiles y desechan alrededor de 11 kilos de ellos cada año. En ocasiones, la ropa usada se exporta fuera de la UE, pero la mayoría (87 %) es incinerada o llevada a vertederos. El auge de la moda rápida ha sido crucial en el incremento del consumo, impulsado en parte por las redes sociales y la industria que acerca las tendencias de la moda a más consumidores a un ritmo acelerado. **Solo un 1 % de la ropa usada se recicla en ropa nueva.** La cantidad de ropa comprada por persona en la UE ha aumentado un 40 % en solo unas pocas décadas, impulsada por una caída en los precios y la velocidad aumentada con la que la moda llega a los consumidores. **La ropa representa entre el 2 % y el 10 % del impacto ambiental del consumo de la UE.**

La producción de materias primas, su transformación en fibras, el tejido de telas y el teñido requieren enormes cantidades de agua y productos químicos, incluidos pesticidas para el cultivo de materias primas como el algodón. El uso del consumidor también tiene una gran huella ambiental debido al agua, la energía y los productos químicos utilizados en el lavado, secado y planchado, así como a los microplásticos vertidos al medio ambiente. Para combatir esto, la UE está promoviendo la economía circular mediante iniciativas como la separación de la recogida de textiles y el fomento de la reutilización y reciclaje de materiales sostenibles. Además, se están explorando modelos de negocio innovadores, como el alquiler de ropa y la moda sostenible (slow fashion), para reducir el consumo y mejorar la sostenibilidad.

> Más información sobre el impacto ambiental de la industria textil en:
>
> https://www.europarl.europa.eu/RegData/etudes/BRIE/2019/633143/EPRS_BRI(2019)633143_EN.pdf

> Si quieres saber más sobre economía circular y políticas desde la Comisión Europea visita:
>
> https://www.europarl.europa.eu/topics/en/article/20210128ST096607/how-the-eu-wants-to-achieve-a-circular-economy-by-2050

2.2. EL CAMBIO CLIMÁTICO

Se llama cambio climático a la variación global del clima en la Tierra en un periodo determinado. El clima en la Tierra ha cambiado de forma extraordinaria a lo largo de millones de años, en ocasiones de forma brusca en escalas muy cortas de tiempo. Sin embargo, todos los indicadores apuntan a que el actual escenario de cambio climático en el que nos encontramos es consecuencia directa de la acción humana, con un calentamiento global de la temperatura media en el planeta.

El impacto de los efectos, que ya podemos percibir, es enorme, con previsiones de falta de agua potable, grandes cambios en las condiciones para la producción de alimentos y un aumento en los riesgos de catástrofes naturales, inundaciones, sequías, olas de calor... El calentamiento global es, sin duda, uno de los problemas ambientales más graves y complejos de nuestro tiempo.

Para frenar este fenómeno es necesario y urgente reducir de forma sustancial las emisiones de gases de efecto invernadero. Esto exige un importante esfuerzo financiero y tecnológico, pero también requiere la colaboración activa de la ciudadanía. La responsabilidad humana en la alteración del clima es fundamental como emisores de gases de efecto invernadero, y cuanto más se demore la activación de políticas efectivas para reducir emisiones, más probables serán los peores escenarios de futuro.

Por suerte, algunos sectores de la población están empezando a moverse por el cambio climático. Así, por ejemplo, en el año 2018, surge el movimiento Fridays For Future, organizado por la ya conocida adolescente sueca, Greta Thunberg, al manifestarse todos los viernes delante del parlamento sueco para protestar por la falta de acción del gobierno frente a la crisis climática. Este movimiento se hizo viral y se extendió por todo el mundo, convirtiéndose actualmente en un movimiento de repercusión internacional. En España se llama Juventud por el Clima. Es un movimiento principalmente estudiantil —aunque puede participar cualquiera—, que se manifiesta para reclamar acción contra el cambio climático y el calentamiento global.

La contaminación aparece como el referente más claro, tanto para el deterioro medioambiental como para el cambio climático, sobre todo la asociada a las industrias. Los efectos de la contaminación repercuten directamente en el deterioro de la **capa de ozono,** y esta, en el **cambio climático.**

La proyección más optimista, siempre que se reduzcan significativamente los GEI emitidos en los próximos años, augura una subida media de la temperatura en torno a los 2 °C en los próximos años. Sin embargo, desde la era preindustrial la temperatura media de la Tierra ya aumentó 1 °C. Si el calentamiento global sigue el ritmo actual, se estima que las temperaturas suban entre 3 y 5 °C a finales de siglo. Pero más allá de previsiones —basadas en análisis científicos de primer nivel—, desde que en 1880 se comenzasen a tomar registros climáticos, los años más cálidos se han producido en la última década y las tendencias son claramente al alza.

Según la Agencia Europea de Medioambiente, Europa es el continente que se ha calentado más rápidamente en el mundo, y los riesgos climáticos están amenazando su seguridad energética y alimentaria, ecosistemas, infraestructura, recursos hídricos, estabilidad financiera y la salud de las personas. Según la **Memoria Europea de Cambio Climático** del 2024 (https://www.eea.europa.eu/publications/european-climate-risk-assessment), muchos de estos riesgos ya han alcanzado niveles críticos y podrían convertirse en catastróficos sin una acción urgente y decisiva.

Según el Plan Nacional de Adaptación al Cambio Climático: «Los impactos del cambio climático en los diferentes sectores socioeconómicos y sistemas ecológicos constituyen una fuente de información potencialmente muy útil y visible para ser usada en mensajes destinados a promover actitudes individuales más respetuosas con el medio ambiente, lo cual en sí mismo es una medida de adaptación al cambio climático».

Todo indica que las políticas encaminadas al logro de cambios estructurales en la sociedad han de ir, necesariamente, más allá de los modestos objetivos fijados en el Protocolo de Kioto. Las medidas han de implicar cambios profundos que afecten a aspectos generales del modo de vida establecido, sobre todo en los países más avanzados.

En el ámbito gubernamental, y como muestra del aumento de conciencia sobre la conservación del medio ambiente, encontramos la COP, acrónimo de la Conferencia de las Partes por sus siglas en inglés, es el órgano supremo de la Convención Marco de las Naciones Unidas sobre el Cambio Climático. Es decir, es una asociación de todos los países que forman parte de la Convención. La COP es la encargada de mantener los esfuerzos internacionales para resolver las cuestiones relacionadas con el cambio climático, reuniéndose para ello todos los años.

¿Sabías que...?

1. El cambio climático inducido por el ser humano está afectando a todo el planeta. El año 2023 fue el más cálido registrado, con una temperatura global promedio entre febrero de 2023 y enero de 2024 que superó los niveles preindustriales en 1,5 °C.

2. Europa es el continente que se calienta más rápido. El calor extremo, antes poco común, es más frecuente y los patrones de precipitación están cambiando, aumentando la intensidad de las lluvias torrenciales y las inundaciones catastróficas, mientras que el sur de Europa se enfrenta a sequías severas.

3. Estos fenómenos, junto con otros riesgos ambientales y sociales, suponen grandes desafíos en Europa, afectando la seguridad alimentaria y del agua, la energía, la estabilidad financiera y la salud, lo cual tiene un impacto en la cohesión y estabilidad social. También están afectando los ecosistemas terrestres y acuáticos.

4. El cambio climático multiplica los riesgos y puede agravar las crisis existentes. Los riesgos climáticos pueden propagarse y provocar desafíos a sistemas completos, afectando a las sociedades, especialmente a los grupos sociales vulnerables.

5. Según la evaluación europea del riesgo climático, varios riesgos climáticos han alcanzado niveles críticos. Sin acción decisiva, la mayoría podría llegar a niveles críticos o catastróficos para fin de siglo, con muertes por olas de calor y pérdidas económicas significativas por inundaciones costeras.

6. Los riesgos climáticos dependen tanto de factores no climáticos como de los peligros relacionados con el clima. Políticas efectivas pueden reducir estos riesgos significativamente, dependiendo de cuán rápido reduzcamos las emisiones de gases de efecto invernadero y nos adaptemos a los impactos inevitables del cambio climático.

7. La UE y sus Estados miembros han progresado en entender y prepararse para los riesgos climáticos, utilizando evaluaciones nacionales para desarrollar políticas de adaptación. A pesar de esto, la preparación social es baja y la implementación de políticas no sigue el ritmo de aumento de riesgos.

8. Las políticas y acciones para fortalecer la resistencia al cambio climático son a largo plazo y requieren acción urgente para evitar decisiones inadecuadas para el futuro.

9. Las políticas de adaptación pueden apoyar o entrar en conflicto con otros objetivos de políticas ambientales, sociales y económicas. Se necesita un enfoque integrado de las políticas para asegurar una adaptación eficiente.

Si la temperatura media sigue subiendo al ritmo actual, es posible que la vida en la Tierra se enfrente a cambios catastróficos. Subidas del mar, con las consecuentes inundaciones, y clima extremo con sequías, olas de calor e intensas lluvias, entre otras consecuencias. Estos cambios llevarán consigo el desplazamiento de millones de personas que no puedan vivir en esas zonas —inundadas o con sequías—, además de los problemas asociados al cultivo y, por tanto, a la alimentación de millones de personas.

Concretamente, España es un territorio muy vulnerable al cambio climático como consecuencia de su situación geográfica y sus características socioeconómicas. Tal y como se pone de manifiesto en la Estrategia Española de Cambio Climático y Energía Limpia, los principales problemas ambientales que se verán reforzados por el cambio climático son: la disminución de los recursos hídricos, las alteraciones en la línea de costa, la pérdida de diversidad biológica, la degradación de ecosistemas y los aumentos en los procesos de erosión del suelo.

2.2.1. Condiciones para que la sociedad reaccione ante el cambio climático

Como venimos insistiendo, el cambio climático es un problema global que afecta a todo el planeta y que tiene origen en multitud de comportamientos individuales y colectivos, altamente conectados con nuestros modos culturales actuales, como el uso de la energía, el consumo insostenible o el crecimiento poblacional.

Parece evidente que esta grave problemática ambiental, con importantes efectos adversos sobre el entorno y el bienestar de las personas, tiene un origen humano, por lo que es necesario diseñar y desarrollar estrategias de carácter social. Y es aquí donde la comunicación desempeña un papel fundamental.

2.2.2. Tres metas de la comunicación frente al cambio climático

Como ciudadanos y ciudadanas podemos y debemos reducir nuestra huella ecológica, pero también nuestra participación puede contribuir a mejorar actitudes en nuestro entorno inmediato. ¿Cómo?

- Informando y debatiendo sobre el problema del cambio climático, sus causas y efectos.

- Fomentando actitudes y valores de preocupación social sobre los cambios ambientales globales.

- Promoviendo acciones que posibiliten la adopción de comportamientos individuales y colectivos de reducción de gases de efecto invernadero.

2.3. EL DESARROLLO SOSTENIBLE

Si fuésemos capaces de satisfacer nuestras necesidades actuales sin comprometer los recursos y posibilidades de las futuras generaciones, nos encontraríamos en un estado de desarrollo sostenible o al menos en un estado de «presencia» sostenible sobre la Tierra.

El crecimiento económico está estrechamente vinculado a incrementos en la producción, el consumo y el uso de recursos, lo que tiene efectos perjudiciales sobre el medio ambiente natural y la salud humana. Es poco probable que se logre un desacoplamiento absoluto y duradero del crecimiento económico de las presiones e impactos ambientales a escala global. Por lo tanto, las sociedades necesitan replantearse el significado del crecimiento y el progreso, y su relación con la sostenibilidad global. Esto implica buscar formas de crecimiento que respeten los límites ecológicos, promover la eficiencia de los recursos, la energía sostenible y las economías circulares, al tiempo que se mejora la calidad de vida y se reducen las desigualdades.

El desarrollo sostenible constituye una forma de relación social y económica de los humanos con el entorno que se basa en el equilibrio entre el consumo y la disponibilidad de los recursos ambientales a largo plazo.

El desarrollo y el progreso social y económico no implican necesariamente crecimiento. De hecho, la propia sostenibilidad del desarrollo depende de la necesidad de establecer determinados límites en el crecimiento poblacional y económico, puesto que los recursos ambientales que el ser humano puede utilizar son limitados.

Conseguir entornos sostenibles, es decir, con una buena calidad de vida hoy y en el futuro, es el gran reto al que se enfrentan las poblaciones humanas, especialmente en las grandes aglomeraciones urbanas que crecen rápidamente. El deseo de mantener unos ritmos de crecimiento constantes, aunque estos puedan acarrear desequilibrios, y la mejora inmediata de la calidad de vida en función de un elevado consumo de recursos derivan en ocasiones en déficits estructurales.

El mundo está sufriendo muchos cambios rápidos. Numerosos factores de cambio interactúan en un juego complejo de necesidades, deseos, actividades y tecnologías (EEA, 2020), y contribuyen a la Gran Aceleración en el consumo humano y la degradación ambiental. La civilización humana como la conocemos actualmente es totalmente insostenible. Por lo tanto, estas dinámicas tienen que cambiar. Gobiernos, científicos y asociaciones de todo el mundo se están uniendo para pensar nuevas ideas, políticas y narrativas. Es necesario plantear perspectivas alternativas sobre el crecimiento económico y el progreso, explorando la diversidad de ideas necesarias para transformar la sociedad hacia los objetivos de sostenibilidad y cumplir con las ambiciones del Pacto Verde Europeo.

En las últimas décadas, la UE ha logrado niveles de prosperidad y bienestar sin precedentes, y sus estándares sociales, de salud y medioambientales se encuentran entre los más altos del mundo (EEA, 2019c). Mantener esta posición no debería depender del crecimiento económico. ¿Podría el Pacto Verde Europeo, por ejemplo, convertirse en un catalizador para que los ciudadanos de la UE creen una sociedad que consuma menos y crezca en dimensiones diferentes a las materiales?

Como el desacoplamiento global del crecimiento económico y el consumo de recursos no está sucediendo, se requiere una verdadera creatividad: ¿cómo puede la sociedad desarrollarse y crecer en calidad (por ejemplo, propósito, solidaridad, empatía) en lugar de en cantidad (es decir, estándares materiales de vida), de una manera más equitativa? ¿A qué estamos dispuestos a renunciar para cumplir con nuestras ambiciones de sostenibilidad?

Para que una sociedad sea sostenible:

- Los recursos no se deben utilizar a un ritmo superior al de su ritmo de regeneración.

- No se deben emitir contaminantes a un ritmo superior al que el sistema natural es capaz de absorber o neutralizar.

- Se tiene que utilizar una parte de la energía liberada por los recursos no renovables para crear sistemas de ahorro de energía o sistemas que hagan posible el uso de energías renovables, que proporcionen la misma cantidad de energía que el combustible fósil consumido.

Como demanda social a este tema y en respuesta a la crisis mundial económica, social y ambiental, surge la denominada economía verde, definida por el Programa de las Naciones Unidas para el Medio Ambiente (PNUMA) como aquella que da lugar al mejoramiento del bienestar humano e igualdad social, mientras que se reducen significativamente los riesgos medioambientales y la escasez ecológica. Lo perfecto sería que todos los países acabaran adoptando esta economía y valorasen tanto la naturaleza como el bienestar humano y el desarrollo económico, pero en su conjunto.

Relacionado con la economía verde, y también con la regla de las tres erres —nombrada anteriormente—, está el concepto de economía circular. Esta economía lucha contra el hábito de «coger, usar y tirar» y se centra en el máximo aprovechamiento de los recursos. Además, promueve la fabricación de bienes con la mayor cantidad de materiales biodegradables y el menor coste energético, de forma que cuando tengan que «volver a la naturaleza» causen el menor impacto ambiental posible.

Tanto la economía verde como la circular están relacionadas, y son unos conceptos muy interesantes y necesarios para un desarrollo sostenible y para luchar contra la emergencia climática y ambiental actual.

En este aspecto relacionado con el desarrollo sostenible, cabría recalcar llevar un modo de vida sostenible. ¿Y cómo podría hacerse? Cada vez existen más movimientos relacionados con este aspecto. Por ejemplo, el movimiento *Zero Waste,* o cero residuos. Existen numerosos blogs, páginas webs y publicaciones sobre cómo consumir menos y generar menos residuos. Otro movimiento que está cogiendo fuerza recientemente es el consumo de segunda mano. El ritmo de consumo en que avanzamos en los últimos años es totalmente insostenible: ropa y calzado, electrodomésticos, tecnología... En respuesta a esto, cada vez son más las tiendas y las aplicaciones de móviles de segunda mano en las que se puede conseguir casi cualquier cosa.

LA ECONOMÍA CIRCULAR:

Actualmente, en la Unión Europea se producen más de 2,2 mil millones de toneladas de residuos cada año. Es por ello que se está trabajando en la legislación sobre gestión de residuos para promover un cambio hacia un modelo más sostenible conocido como la economía circular.

La economía circular es un modelo de producción y consumo que implica compartir, alquilar, reutilizar, reparar, renovar y reciclar materiales y productos existentes tanto como sea posible. De esta manera, se prolonga el ciclo de vida de los productos. En la práctica, implica reducir los residuos al mínimo. Cuando un producto llega al final de su vida útil, sus materiales se mantienen dentro de la economía siempre que sea posible gracias al reciclaje. Estos pueden ser utilizados productivamente una y otra vez, creando así un valor adicional.

Este modelo de consumo está alejado del modelo económico lineal tradicional, que se basa en un patrón de tomar-hacer-consumir-desechar. Este modelo depende de grandes cantidades de materiales y energía baratos y fácilmente accesibles.

a. La economía circular en las cadenas de valor de plásticos, textiles y construcción

Las cadenas de valor de los plásticos y los textiles son claros ejemplos de cadenas lineales e insostenibles. Muchos productos de plástico y textiles están basados en combustibles fósiles y diseñados para una vida útil corta. Los diseños de materiales complejos y la inclusión de algunas sustancias obstaculizan el reciclaje y conducen a la contaminación del medio ambiente (EEA, 2019e; 2020i; 2020j).

Por otro lado, los edificios son estructuras de larga duración y las decisiones de diseño, tanto antes como durante su construcción, determinan su uso de energía y recursos durante muchos años. Las opciones más circulares incluyen la reducción del impacto de los materiales de construcción, diseños que permiten un uso circular, eficiente y flexible, y diseños y condiciones que hacen que la reutilización y el reciclaje sean económicamente viables (EEA, 2019a).

Hacer que estas cadenas de valor sean circulares y sostenibles requiere, entre otras cosas, la identificación de problemas clave de sostenibilidad y puntos críticos a lo largo de las propias cadenas de valor (incluyendo dónde y cuánto entran sustancias preocupantes en la cadena); conocimiento de las opciones de mejora y la dinámica del sistema; impactos en el medio ambiente y el clima; oportunidades y desafíos creados por diferentes soluciones; los roles de diferentes actores en el cambio del sistema, incluyendo la cooperación entre actores públicos y privados, y la efectividad de las políticas y las interacciones entre diferentes sistemas. Finalmente, requiere marcos analíticos y datos para monitorear el cambio y evaluar el proceso de cambio.

> Plan de acción para la economía circular de la Comisión Europea:
> https://eur-lex.europa.eu/legal-content/EN/
> TXT/?qid=1583933814386&uri=COM:2020:98:FIN

b. Economía circular y biodiversidad

Transformar nuestros sistemas actuales de producción y consumo es una parte esencial para reducir la presión sobre la biodiversidad y los ecosistemas. Investigaciones recientes indican que los sectores de la alimentación, construcción, energía y textil representan aproximadamente el noventa por ciento de la presión sobre la biodiversidad en todo el mundo.

La economía circular es un enfoque clave para realizar cambios transformadores en los sistemas de producción y consumo, pero se necesita un mayor enfoque en la biodiversidad. La reducción de la demanda de recursos primarios se puede lograr aumentando la eficiencia en el uso de nuestros recursos y materiales, a través de acciones de economía circular como extender la vida útil de los productos y reciclar materiales. Reducir la demanda de recursos primarios a su vez disminuye la presión sobre la biodiversidad.

Por tanto, prevenir la contaminación se centra, en primer lugar, en evitar que los materiales terminen como residuos. También subraya la necesidad de reducir el uso de sustancias peligrosas, que dificultan la reutilización y el reciclaje, y dañan el medio ambiente natural (y la salud humana).

La adquisición de recursos amigables con la biodiversidad se enfoca en los recursos que utilizamos, que deben ser obtenidos de manera que evite dañar los sistemas naturales y promueva prácticas regenerativas siempre que sea posible. Es aquí en donde tenemos que centrar el debate actual sobre la economía circular.

Más información sobre los beneficios de la biodiversidad en:

https://www.eea.europa.eu/publications/the-benefits-to-biodiversity

---

2.4. LAS SOLUCIONES BASADAS EN LA NATURALEZA (NBS)

Las soluciones basadas en la naturaleza (NbS), según la Comisión Europea, son respuestas rentables a desafíos sociales que utilizan la inspiración y el apoyo de la naturaleza para ofrecer beneficios ambientales, sociales y económicos, aumentando la resiliencia. Abordan desafíos como el cambio climático, los riesgos de desastres, la seguridad alimentaria y del agua, la biodiversidad y la salud humana mediante la protección, gestión sostenible o restauración de ecosistemas naturales. Ofrecen bienestar humano y beneficios para la biodiversidad, mejorando servicios ecosistémicos como el control de la erosión, la prevención de sequías e inundaciones, la captura de carbono, el enfriamiento y la prevención de incendios forestales. En entornos urbanos, aumentan la calidad del aire y reducen la contaminación acústica (véase, por ejemplo: Climate-ADAPT, 2023; Banco Mundial, 2022; IUCN, 2020).

Estas soluciones incorporan más naturaleza y procesos naturales en diferentes entornos, buscando ser eficientes y adaptadas localmente. Las NbS incluyen acciones de protección y manejo de ecosistemas, integración de infraestructura verde-azul en áreas urbanas y principios ecosistémicos aplicados a la agricultura. Se basan en la idea de que ecosistemas saludables proveen servicios esenciales, y ven a las personas no solo como beneficiarios, sino también como participantes activos en la protección, manejo o restauración de ecosistemas.

El término NbS se originó en los años 2000 y fue promovido por la IUCN y por la Comisión Europea para abordar retos como el cambio climático. Generalmente, las NbS se enfocan en adaptación al cambio climático y reducción del riesgo de desastres, buscando mejorar la resiliencia y reducir vulnerabilidades, aportar beneficios socioeconómicos, mejorar la salud del ecosistema, gestionar recursos naturales de manera sostenible y fomentar el empoderamiento y la creación de empleo.

Proyectos basados en NbS:
1. https://naturvation.eu
2. https://panorama.solutions/en
3. https://weadapt.org
4. http://nwrm.eu
5. https://ndcpartnership.org/knowledge-portal/climate-toolbox/natural-hazards-nature-based-solutions

---

2.5. BUENAS PRÁCTICAS AMBIENTALES EN LA ACTIVIDAD PROFESIONAL

La UE ha elaborado una estrategia de integración de las cuestiones medioambientales en su política empresarial, así como medidas destinadas a limitar el impacto medioambiental negativo de la actividad de las empresas, sin penalizar el desarrollo económico.

El cuidado del medio ambiente es la clave del futuro de las empresas y cada vez son más las que incorporan a su política general la calidad, la prevención de riesgos laborales y también el desarrollo sostenible. La política ambiental en el desarrollo del trabajo es una oportunidad de evolucionar implantando mejoras a través de las buenas prácticas medioambientales. Las empresas que incorporan estas prácticas y se comprometen a adoptar medidas de eficiencia económica y ecológica que les hagan ahorrar recursos naturales son denominadas «empresas verdes».

Por buenas prácticas medioambientales se entienden «aquellas acciones que pretenden reducir prejuicios sistemáticos o accidentales del sistema productivo sobre el entorno, sobre los recursos naturales y el ser humano, minimizando las emisiones de gases y ruidos en la atmósfera, los vertidos líquidos a cauces, espacios naturales y aguas subterráneas, y los residuos sólidos a vertederos o al suelo directamente, pero que necesitan ser asumidas por la empresa, entendida en su globalidad, previamente a su aplicación, constituyéndose estas prácticas en actuaciones de gran rentabilidad, que dotan a la empresa de seguridad y que optimizan los procesos».

Estas prácticas son la mayoría de las veces de bajo coste, de fácil aplicación y requieren la implicación de toda la empresa, desde directivos a mandos intermedios y trabajadores en general, tanto en su nivel organizativo como en sus actitudes.

Líneas generales para aplicar un código de buenas prácticas ambientales:

- Revisar y controlar los inventarios, haciendo un control regular de las materias primas, piezas, materiales, residuos, vertidos y emisiones.

- Realizar un adecuado mantenimiento preventivo de los procesos, evitando de esta manera, fugas y derrames y optimizando los procesos.

- Diseñar manuales para el uso adecuado de materiales, de equipos, de residuos, y formando a todos los trabajadores.

Algunas prácticas que se pueden aplicar:

- Reducir el consumo de materias primas, agua y energía.

- Incrementar el control de los procesos para reducir al máximo los residuos, los vertidos y las emisiones.

- Optimizar las condiciones de los procesos: caudales, temperatura, presión o luz.

- Eliminar o reducir el uso de sustancias o materiales peligrosos o tóxicos.

- Reducir los ruidos.

- Negociar con los proveedores la aceptación de material sobrante.

- Emplear envases reutilizables.

- Optimizar espacios en los envíos.

2.5.1. Buenas prácticas con los recursos naturales

Es importante hacer una buena gestión de los recursos naturales abandonando la idea de que estos son ilimitados, pues como ya hemos visto el futuro de la mayoría de las actividades económicas depende de los recursos naturales y de la capacidad de muchos de estos de regenerarse.

2.5.1.1. El agua

Es un recurso natural no renovable indispensable en nuestras vidas; uno de los recursos esenciales para el desarrollo y el mantenimiento de casi todas las actividades y también uno de los más impactados.

Se deben realizar auditorías para conocer en detalle el consumo de agua y para determinar cómo y dónde se puede ahorrar.

Debe prestarse atención destacada al mantenimiento preventivo de tuberías, grifos, cisternas, etc., para detectar fugas y consumos excesivos.

Instalar medidores de caudal o contadores, con el objeto de poder aplicar programas de minimización de caudales en los procesos con mayor consumo.

Instalar sistemas de reducción de caudal en cisternas y lavabos.

Se deben examinar tanto los vertidos de aguas residuales como los vertidos industriales.

2.5.1.2. La energía

El uso excesivo de combustibles fósiles para producir electricidad, calor o para el movimiento de vehículos causa daños irreparables sobre el medio ambiente.

- Se deben realizar auditorías para averiguar el consumo energético en los procesos y en las instalaciones para detectar sistemas de iluminación deficientes, por exceso o por defecto, o procesos ineficientes que es necesario optimizar.

- Implantar un sistema de iluminación en las instalaciones de paso, como pasillos, aseos, vestuarios, etc., que se basen en detectores de presencia y limiten el periodo de encendido a las necesidades.

- Instalar temporizadores que apaguen la iluminación al final de la jornada, evitando así consumos innecesarios.

- Se deben sustituir las lámparas incandescentes por sistemas de iluminación de bajo consumo (bombillas led).

- Favorecer la entrada de luz natural, ubicando las mesas de trabajo próximas a las ventanas.

- Instalar termostatos para regular la temperatura tanto en invierno, por el consumo de electricidad, de gas o de carbón para la calefacción, como en verano para los sistemas de aire acondicionado.

- Mantener adecuadamente los sistemas de calefacción (calderas, radiadores...) y los sistemas de ventilación forzada (filtros, caudales).

CONSTRUCCIÓN		
AGUA	**CONTAMINACIÓN**	**ENERGÍA**
- Uso racional del agua para elaborar cementos, yesos, hormigones... - Controlar los sumideros y tomas de agua - Racionalizar las labores de limpieza en la construcción	- Clasificar los residuos generados y depositarlos en los vertederos autorizados. - Controlar el nivel de ruido - Revisar las emisiones de vehículos y maquinaria y puesta a punto - Utilizar materiales fácilmente degradables o reciclables - Evitar compuestos peligrosos (pinturas, recubrimientos, plásticos...)	- Uso racional de generadores y grupos autógenos - Optimizar la puesta en marcha de la maquinaria y el uso de recursos durante las distintas fases de la obra - Usar herramientas y maquinaria de bajo consumo

HOSTELERÍA		
AGUA	**CONTAMINACIÓN Y RESIDUOS**	**ENERGÍA**
- Instalar reguladores de caudal en los grifos - Eliminar pérdidas por goteo de los grifos y cisternas - No usar el lavavajillas hasta que esté lleno - Instalar sistemas ahorradores de agua en las cisternas - Tener los grifos cerrados mientras se está fregando	- Sustituir el papel por tejidos en la limpieza - Usar productos sin excesivo envoltorio - Guardar la comida en recipientes reutilizables, evitando envoltorios de aluminio o plásticos desechables - No usar aerosoles. Los pulverizadores son igual de prácticos y no suponen un riesgo adicional para el medio ambiente - Usar detergentes sin fosfatos ni blanqueadores. No usar más cantidad de producto que la necesaria	- Usar bombillas de larga duración que gastan un tercio menos que las incandescentes - Usar el agua caliente de forma moderada - Descongelar el frigorífico regularmente. No introducir alimentos calientes en él - No mantener el frigorífico abierto, la máquina de hacer hielo o los expositores de alimentos

HOSTELERÍA		
AGUA	CONTAMINACIÓN Y RESIDUOS	ENERGÍA
	- Adquirir productos con envases reutilizables - Clasificar los residuos - Limitar el uso de lejías al máximo, también de limpiadores fuertes, disolventes, raticidas e insecticidas químicos - No almacenar muchos productos químicos en un mismo sitio y alejarlos de los desagües	- Instalar automáticos para la luz de los aseos - Utilizar gas para la cocina y calefacción, restringiendo el uso de la energía eléctrica - Evitar la adquisición de electrodomésticos innecesarios - Usar racionalmente la calefacción y el aire acondicionado - Mantener limpios los quemadores de las cocinas para facilitar la transmisión de calor y ahorrar energía

OFICINAS		
AGUA	CONTAMINACIÓN Y RESIDUOS	ENERGÍA
- Sistema de control de flujo en cisternas y grifos - No lavarse los dientes con el grifo abierto - Uso racional de los sanitarios	- Poner contenedores selectivos para reciclar papel, tintas de impresoras - Imprimir borradores por las dos caras y con calidad económica - Cuando sea posible, corregir los errores de escritura para no emplear papel nuevo - Guardar el papel sucio por una cara para escribir por la otra	- No utilizar la energía eléctrica para la calefacción y no regular el termostato a más de 20 °C - Aislar puertas y ventanas y mantenerlas cerradas cuando la calefacción o refrigeración esté encendida

OFICINAS		
AGUA	CONTAMINACIÓN Y RESIDUOS	ENERGÍA
	- No tirar las pilas usadas a la basura - Usar detergentes sin fosfatos ni blanqueadores - Limitar el uso de lejías o limpiadores fuertes, raticidas o insecticidas fuertes - No almacenar productos químicos en un mismo sitio y alejarlos de los desagües - Donar a ONG los materiales desechados por obsoletos	- No dejar ordenadores ni luces encendidas innecesariamente - Usar el agua caliente de forma moderada

Actividades

Actividad 2.1. CUESTIONARIO

De las siguientes afirmaciones, marca la que más se acerca a la definición de Medio Ambiente.

1. El Medio Ambiente está formado solamente por el conjunto de la flora y la fauna.

2. El Medio Ambiente solo se refiere a la atmósfera y a sus capas superiores, a la corteza terrestre y a sus capas inferiores y a las masas de agua superficiales y subterráneas.

3. El Medio Ambiente es el conjunto de los seres vivos, de todo lo que les rodea y que permite el desarrollo de sus funciones vitales.

Señala cuál de las siguientes respuestas es una causa del Efecto Invernadero:

1. Los incendios forestales.

2. La sobrepesca.

3. Los movimientos sísmicos.

La explotación de los bosques, el uso masivo de la madera y los incendios han contribuido a generar:

1. El Efecto Invernadero.

2. El agujero de la Capa de Ozono.

3. La deforestación.

Cuando un suelo fértil pierde total o parcialmente su productividad por un proceso de degradación ecológica hablamos de:

1. Ausencia de precipitaciones.

2. Desertificación.

3. Erosión.

¿Por qué se produce el agujero de la Capa de Ozono?

1. Por gases que se mezclan con el vapor de agua de la atmósfera, formando sustancias ácidas que se depositan en la tierra.

2. Por el calentamiento excesivo del planeta debido a los gases que se acumulan en la atmósfera.

3. Por el uso indiscriminado de aerosoles, fertilizantes etc, que reducen la concentración del ozono en la atmósfera.

Actividad 2.2. CAMBIO CLIMÁTICO

El Cambio Climático es un fenómeno que existe en la actualidad, aunque no se le dé la importancia que requiere. Prueba de ello son la multitud de noticias documentadas que se pueden encontrar relacionadas con él y con sus efectos. Lee detenidamente el resumen de la noticia que se muestra a continuación y comenta si estas causas son debidas a los cambios producidos en el clima de forma natural o tienen algo que ver con el comportamiento humano.

Titular: "Contaminación y cambio climático amenazan el ecosistema marino"

Fecha: 19/10/2010

Fuente: http://es.noticias.yahoo.com

RESUMEN NOTICIA: Los ecosistemas marinos de todo el mundo corren peligro de sufrir un deterioro sustancial en las próximas décadas, debido a la creciente amenaza para los océanos que suponen la contaminación, la sobrepesca y el cambio climático. Esta es la conclusión de un informe del UNEP, basado en estudios de 18 regiones que además pronosticó que la productividad habrá caído en casi todas las áreas estudiadas para 2050, con la industria pesquera confinada a las especies más pequeñas y al fondo de la cadena alimenticia. Las temperaturas de la superficie del mar podrían aumentar para 2100 si no se toman medidas para combatir el cambio climático, que afecta a los corales y otros organismos marinos. Otra amenaza proviene del continuo aumento en los niveles de nitrógeno, que podría desatar el crecimiento descontrolado de algas y provocar el envenenamiento de peces y otras especies marinas. Servicios multimillonarios, como la pesca, el control climático y las que apuntalan industrias como la del turismo, estarán en riesgo si los impactos en el ecosistema marino siguen sin control y en aumento.

Actividad 2.3. DESARROLLO SOSTENIBLE

Un ejemplo de actividad sostenible sería cortar áreas arboladas de un bosque manteniendo porciones de un bosque maduras y reponiendo con repoblaciones las áreas taladas.

Cita otros dos ejemplos de actividades que contribuyan al desarrollo sostenible.

Actividad 2.4. BUENAS PRÁCTICAS AMBIENTALES

Elige la actividad profesional que te gustaría desarrollar y escribe seis buenas prácticas ambientales para reducir el consumo de agua, la contaminación y el consumo de energía.

Actividad 2.5. CONSUMO

A la hora de hacer la compra, el consumo responsable puede minimizar los residuos que generamos. Indica cinco comportamientos que reduzcan la generación de residuos en tu hogar mediante un consumo responsable. Ejemplo, comprar la fruta en los mercados sin envasar.

3. Sensibilización en la igualdad de género

La igualdad entre mujeres y hombres es un principio jurídico universal que garantiza que todas las personas, independientemente de su sexo, tienen los mismos derechos, oportunidades y responsabilidades o deberes frente al Estado y la sociedad en su conjunto.

Este principio de igualdad se materializa en tres vías de actuación desarrolladas en este módulo:

- Eliminación en el ordenamiento jurídico de las discriminaciones por razón de sexo.

- Intervención en las barreras sociales que dificultan la igualdad.

- Incorporación de la transversalidad de género como medio de integración de los objetivos de igualdad en la elaboración y evaluación de todas las políticas públicas.

3.1. IGUALDAD LEGAL E IGUALDAD EFECTIVA

El **principio de igualdad** es aquel que reconoce la equiparación de todas las personas en cuanto a derechos, libertades y obligaciones. El artículo 14 de la Constitución española prevé que todos los españoles son iguales ante la ley, sin que pueda prevalecer discriminación de ningún tipo por razón de nacimiento, raza, sexo, religión, opinión o cualquier otra condición o circunstancia personal o social.

Este principio, como derecho fundamental de las personas, se incluye en las constituciones de casi todos los países y es lo que se conoce como igualdad formal o **igualdad legal**.

La **igualdad real**, sin embargo, se refiere al principio de igualdad de trato entre mujeres y hombres, supone la ausencia de toda discriminación, directa o indirecta, por razón de sexo y, especialmente, las derivadas de la maternidad, la asunción de obligaciones familiares y el estado civil.

Aunque actualmente la igualdad está reconocida desde un punto de vista formal, es decir, en el ámbito jurídico, de tal forma que las leyes ofrecen un tratamiento igual a hombres y mujeres, esto no significa que exista una igualdad real. Tal y como recoge la Ley Orgánica 3/2007, de 22 de marzo, para la igualdad efectiva de mujeres y hombres, el pleno reconocimiento de la igualdad formal ante la ley resulta insuficiente.

La discriminación salarial, la discriminación en las pensiones de viudedad, el mayor desempleo femenino, la aún escasa presencia de las mujeres en puestos de responsabilidad política, social, cultural y económica, o los problemas de conciliación entre la vida personal, laboral y familiar muestran como la igualdad plena, efectiva, entre mujeres y hombres, es aún hoy una tarea pendiente, por lo que es necesario abordar un cambio en aquellos valores e ideas que provocan que se mantengan las desigualdades. La sensibilización en la igualdad de género abre el camino hacia ese cambio.

3.1.1. Conceptos básicos en igual de género

El conocimiento de los principales conceptos relacionados con la igualdad entre hombres y mujeres es el primer paso en el proceso de comprensión de las diferencias entre la igualdad real y la igualdad efectiva. A continuación, se encuentra la descripción de algunos conceptos básicos:

- **Sexo**: hace mención al conjunto de características que poseen las personas y que identifica las diferencias biológicas entre mujeres y hombres percibidas como universales e inmutables.

- **Género**: es la construcción social y cultural que define las diferentes características emocionales, afectivas, intelectuales, así como los comportamientos que cada sociedad asigna como propios y naturales de hombres o de mujeres.

- **Estereotipos de género**: conjunto de cualidades y características psicológicas y físicas que una sociedad asigna a hombres y mujeres, y responden a modelos, valores, comportamientos y actitudes definidos por el sexo de las personas, sin tener en cuenta su individualidad.

- **Prejuicios de género**: concepto directamente relacionado con los estereotipos, son juicios de valor, generalmente negativos, que se realizan sobre las habilidades o capacidades de una persona en función del sexo al que pertenecen, sin saber de modo cierto que eso sea así.

- **Roles de género**: son el conjunto de tareas, funciones y conductas que se derivan de los estereotipos marcados en una sociedad, es decir, se entiende que los hombres y mujeres tienen comportamientos inherentes a su condición sexual y, por tanto, los roles son las pautas de acción, comportamiento y expectativas asignadas según el género. Estos roles están sujetos a cambios, ya que varían según el contexto histórico.

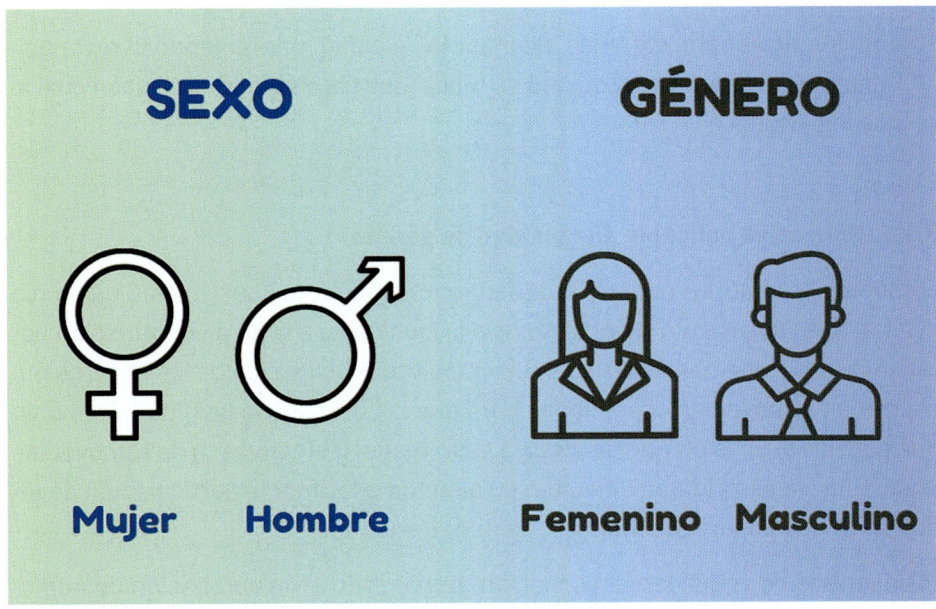

Figura 3.1. La distinción entre sexo y género es necesaria para conocer las consecuencias sociales que provoca la diferencia sexual.

- **Discriminación directa:** se produce cuando una persona es tratada de manera menos favorable que otra en la misma situación, por razón de sexo o circunstancias asociadas al mismo, sin existir una justificación objetiva y razonable.

- **Discriminación indirecta:** es la que se da en los casos en que una disposición, criterio o práctica, neutra en apariencia, perjudica más a los miembros de un sexo. Dejará de considerarse discriminación en los casos en los que sea adecuada y necesaria y se justifique con criterios objetivos no relacionados con el sexo.

- **Acción positiva:** medidas específicas en favor de las mujeres para corregir situaciones de desigualdad respecto a los hombres. Son temporales —aplicables mientras subsista la desigualdad—, razonables y proporcionadas en relación a su objetivo.

- **Análisis de género:** es el estudio sistemático de programas, necesidades, participación, acceso a los recursos, proyectos, políticas y piezas legislativas sobre hombres y mujeres debidas a los roles asignados por la sociedad.

- **Perspectiva de género**: tratar algo con perspectiva de género consiste en prestar atención a las diferencias entre mujeres y hombres en cualquier actividad o acción que se planifique, y conseguir que las preocupaciones y experiencias de mujeres y hombres sean parte integral de la elaboración, puesta en marcha, control y evaluación de políticas y programas.

- **Equidad de género**: significa alcanzar la igualdad manteniendo el reconocimiento de la diferencia. Equidad significa justicia, es decir, dar a cada cual lo que le pertenece.

3.1.2. Normativa aplicable en igualdad de género

Como hemos visto, en nuestro ordenamiento jurídico, la Constitución española consagra, en su artículo 14, el derecho a la igualdad y a la no discriminación por razón de sexo. Además, el artículo 9.2 establece la obligación de los poderes públicos de promover las condiciones para que la libertad y la igualdad del individuo y de los grupos en que se integra sean reales y efectivas, y de remover los obstáculos que impidan o dificulten su plenitud y facilitar la participación de todos en la vida política, económica, cultural y social.

El desarrollo de estos derechos se ha materializado en la aprobación de numerosas leyes encaminadas a conseguir la igualdad de trato y de oportunidades en ambos sexos. La norma más destacada de entre todas las disposiciones normativas nacionales encaminadas a hacer efectivo el principio de igualdad de entre mujeres y hombres es, sin duda alguna, **Ley Orgánica 3/2007, de 22 de marzo, para la igualdad efectiva de mujeres y hombres,** cuyo artículo 15, bajo el título «Transversalidad del principio de igualdad de trato entre mujeres y hombres» dispone que «El principio de igualdad de trato y oportunidades entre mujeres y hombres informará, con carácter transversal, la actuación de todos los Poderes Públicos. Las Administraciones públicas lo integrarán, de forma activa, en la adopción y ejecución de sus disposiciones normativas, en la definición y presupuestación de políticas públicas en todos los ámbitos y en el desarrollo del conjunto de todas sus actividades».

A continuación, detallamos las principales normas nacionales y europeas en materia de igualdad.

Normativa nacional

- Ley 39/1999, de 5 de noviembre, para promover la conciliación de la vida familiar y laboral de las personas trabajadoras.

- Ley 39/2006, de 14 de diciembre, de Promoción de la Autonomía Personal y Atención a las personas en situación de dependencia.

- Ley Orgánica 3/2007, de 22 de marzo, para la igualdad efectiva de mujeres y hombres.

- Ley 20/2007, de 11 de julio, del Estatuto del trabajo autónomo.

- Real Decreto 615/2007, de 11 de mayo, por el que se regula la Seguridad Social de los cuidadores de las personas en situación de dependencia.

- Real Decreto 1917/2008, de 21 de noviembre, por el que se aprueba el programa de inserción sociolaboral para mujeres víctimas de violencia de género.

- Real Decreto 1615/2009, de 26 de octubre, por el que se regula la concesión y utilización del distintivo «Igualdad en la Empresa».

- Real Decreto 713/2010, de 28 de mayo, sobre registro y depósito de convenios y acuerdos colectivos de trabajo.

- Ley 23/2015, de 21 de julio, Ordenadora del Sistema de Inspección de Trabajo y Seguridad Social.

- Real Decreto Legislativo 2/2015, de 23 de octubre, por el que se aprueba el texto refundido de la Ley del Estatuto de los Trabajadores.

- Real Decreto Legislativo 5/2015, de 30 de octubre, por el que se aprueba el texto refundido de la Ley del Estatuto Básico del Empleado Público.

- Real Decreto Legislativo 8/2015, de 30 de octubre, por el que se aprueba el texto refundido de la Ley General de la Seguridad Social.

- Resolución de 25 de noviembre de 2015, de la Secretaría de Estado de Administraciones Públicas, por la que se establece el procedimiento de movilidad de las empleadas públicas víctimas de violencia de género.

- Resolución de 26 de noviembre de 2015, de la Secretaría de Estado de Administraciones Públicas, por la que se publica el Acuerdo del Consejo de Ministros de 20 de noviembre de 2015, por el que se aprueba el II Plan para la Igualdad entre mujeres y hombres en la Administración General del Estado y en sus organismos públicos.

- Real Decreto 850/2015, de 28 de septiembre, por el que se modifica el Real Decreto 1615/2009, de 26 de octubre, por el que se regula la concesión y utilización del distintivo «Igualdad en la Empresa».

- Real Decreto-ley 6/2019, de 1 de marzo, de medidas urgentes para garantía de la igualdad de trato y de oportunidades entre mujeres y hombres en el empleo y la ocupación.

- Real Decreto 902/2020, de 13 de octubre, de igualdad retributiva entre mujeres y hombres.

- Real Decreto 901/2020, de 13 de octubre, por el que se regulan los planes de igualdad y su registro y se modifica el Real Decreto 713/2010, de 28 de mayo, sobre registro y depósito de convenios y acuerdos colectivos de trabajo.

Normativa europea

- Directiva 2000/78/CE del Consejo, de 27 de noviembre de 2000, relativa al establecimiento de un marco general para la igualdad de trato en el empleo y la ocupación.

- Directiva del Consejo 2004/113/CE, de 13 de diciembre de 2004, por la que se aplica el principio de igualdad de trato entre hombres y mujeres al acceso a bienes y servicios y su suministro.

- Directiva 2006/54/CE del Parlamento Europeo y del Consejo, de 5 de julio de 2006, relativa a la aplicación del principio de igualdad de oportunidades e igualdad de trato entre hombres y mujeres en asuntos de empleo y ocupación.

- Directiva 2010/41/UE del Parlamento Europeo y del Consejo, de 7 de julio de 2010, sobre la aplicación del principio de igualdad de trato entre hombres y mujeres que ejercen una actividad autónoma, y por la que se deroga la Directiva 86/613/CEE del Consejo.

- Propuesta de Directiva del Parlamento Europeo y del Consejo relativa a unas condiciones laborales transparentes y previsibles en la Unión Europea.

- Directiva (UE) 2019/1158 del Parlamento Europeo y del Consejo de 20 de junio de 2019 relativa a la conciliación de la vida familiar y la vida profesional de los progenitores y los cuidadores, y por la que se deroga la Directiva 2010/18/UE del Consejo.

 El BOE, a través de la colección Códigos Electrónicos, ofrece compilaciones de las principales normas vigentes del ordenamiento jurídico, permanentemente actualizadas.

3.2. IGUALDAD EN EL ÁMBITO LABORAL

El objetivo de la igualdad en el trabajo es conseguir que tanto mujeres como hombres obtengan las mismas oportunidades, los mismos derechos, el mismo trato y las mismas responsabilidades. Dos instrumentos fundamentales para conseguir la igualdad en el ámbito laboral son los planes de igualdad y el registro retributivo.

- **Planes de igualdad.** El desarrollo de las políticas de igualdad en las empresas tiene su máximo exponente en los planes de igualdad como instrumento que permite integrar la igualdad en las relaciones laborales y en todos los ámbitos de gestión de las organizaciones y así avanzar hacia la igualdad efectiva entre mujeres y hombres. Su objetivo es eliminar la discriminación por razón de sexo, y deben establecerse de forma negociada entre la empresa y la representación legal de los trabajadores.

  Según lo establecido en el Real Decreto 901/2020, de 13 de octubre, por el que se regulan los planes de igualdad y su registro, las empresas que tengan de cincuenta empleados en adelante deberán contar con un plan de igualdad con el siguiente contenido mínimo:

  a) Determinación de las partes que los conciertan.

  b) Ámbito personal, territorial y temporal.

  c) Informe del diagnóstico de situación de la empresa.

  d) Resultados de la auditoría retributiva, así como su vigencia y periodicidad.

  e) Definición de objetivos cualitativos y cuantitativos del plan de igualdad.

  f) Descripción de medidas concretas, plazo de ejecución y priorización de las mismas, así como diseño de indicadores que permitan determinar la evolución de cada medida.

  g) Identificación de los medios y recursos, tanto materiales como humanos, necesarios para la implantación, seguimiento y evaluación de cada una de las medidas y objetivos.

  h) Calendario de actuaciones para la implantación, seguimiento y evaluación de las medidas del plan de igualdad.

  i) Sistema de seguimiento, evaluación y revisión periódica.

  j) Composición y funcionamiento de la comisión u órgano paritario encargado del seguimiento, evaluación y revisión periódica de los planes de igualdad.

  k) Procedimiento de modificación, incluido el procedimiento para solventar las posibles discrepancias que pudieran surgir en la aplicación, seguimiento, evaluación o revisión, en tanto que la normativa legal o convencional no obligue a su adecuación.

- **Registro retributivo.** Según el Real Decreto 902/2020, de 13 de octubre, de igualdad retributiva entre mujeres y hombres, todas las empresas deben tener un registro retributivo de toda su plantilla, incluido el personal directivo y los altos cargos. Este registro tiene por objeto garantizar la transparencia en la configuración de las percepciones, de manera fiel y actualizada. El registro retributivo deberá incluir los valores medios de los salarios, los complementos salariales y las percepciones extrasalariales de la plantilla desagregados por sexo.

3.2.1. Sectores productivos

Aunque la igualdad legal entre hombres y mujeres está plenamente garantizada por nuestro ordenamiento jurídico, los datos que testimonian el nivel de ocupación de las mujeres y su representación en los distintos sectores de actividad laboral indican que aún existe una brecha importante con respecto al nivel de ocupación de los hombres.

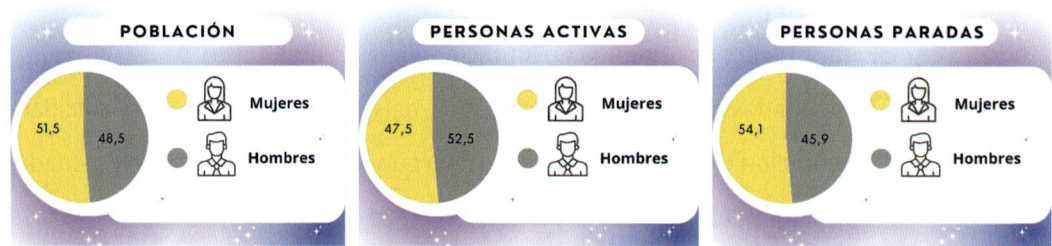

Figura 3.2. Gráfico comparativo por sexos. Elaboración propia según el informe Situación de las mujeres en el mercado de trabajo 2023 del Ministerio de Trabajo y Economía Social.

Por ejemplo, aunque en la población total de España, las mujeres representan casi tres puntos porcentuales más que los hombres, son estos últimos los que son mayoría en cuanto a la población activa. En cuanto a los niveles de paro, las cifras son superiores en las mujeres que en los hombres.

Según el «Informe del Mercado de Trabajo de las Mujeres», publicado por el Observatorio de las Ocupaciones en enero de 2024, la generación de empleo femenino se produjo en los sectores de servicios, primario y construcción, mientras que el sector industria pierde trabajadoras. Las nuevas trabajadoras, en su mayoría, se emplearon en empresas privadas del sector servicios como asalariadas.

CONTRATACIÓN FEMENINA POR SECTORES

Agricultura 7%
Construcción 1%
Industria 8%
Servicios 84%

Figura 3.3. Distribución de la contratación femenina por sectores económicos en 2023.
Fuente: Observatorio de las Ocupaciones.

En 2023, las mujeres representaron el 54,30 % de la contratación en el sector servicios, el 34,49 % en industria, el 26,82 % en agricultura y pesca, y el 11,03 % en construcción. Al analizar la evolución en los últimos años del peso de los contratos femeninos respecto del total de la contratación por cada sector se pueden destacar dos aspectos: por un lado, tradicionalmente las mujeres predominan en el sector servicios, y por otro, el significativo aumento de su representatividad en la industria.

Según la contratación en actividades económicas, las cuatro primeras actividades, servicios de comidas y bebidas, comercio al por menor, excepto de vehículos de motor y motocicletas, servicios a edificios y actividades de jardinería y educación, concentran más de la mitad de la contratación del colectivo femenino.

3.2.2. Conciliación de la vida laboral y familiar

La conciliación de la vida laboral y personal consiste en la posibilidad de que las personas trabajadoras hagan compatibles, por un lado, la faceta laboral, y por el otro, la personal en el sentido más amplio posible, incluyendo tanto las necesidades familiares como las personales e individuales o la gestión del ocio.

Las empresas, como entidades empleadoras, ponen a disposición de su personal una serie de medidas que tienen como objetivo la compatibilización de su puesto de trabajo con el tiempo que necesitan para realizar otras actividades.

Para que la conciliación sirva como estrategia para la consecución de la igualdad efectiva entre mujeres y hombres, las medidas que implementan las empresas no pueden ir dirigidas exclusivamente a las mujeres, sino que se han de hacer extensibles a mujeres y hombres.

El Real Decreto Ley 5/2023, de 28 de junio, incluye las últimas actualizaciones en medidas de conciliación de la vida familiar y la vida profesional de los progenitores y los cuidadores. Se trata de la transposición de la Directiva Europea de conciliación de la vida familiar y profesional y que está incluida en el Proyecto de Ley de Familias. Sus puntos más destacados son los siguientes:

1. **Derecho a no ser discriminado por el ejercicio de los derechos de conciliación**

   El artículo 4.2 del Estatuto de los Trabajadores (ET) ahora incluye expresamente el derecho del trabajador a no ser discriminado por razón de sexo, incluido el trato desfavorable dispensado a mujeres u hombres por el ejercicio de los derechos de conciliación o corresponsabilidad de la vida familiar y laboral.

2. **Permiso parental**

   Se introduce un nuevo artículo 48 bis en el ET que prevé que los trabajadores tendrán derecho a un permiso parental para el cuidado de hijo o menor acogido por tiempo superior a un año, hasta el momento en que el menor cumpla ocho años.

   Este permiso, que tendrá una duración no superior a ocho semanas, continuas o discontinuas, podrá disfrutarse a tiempo completo o en régimen de jornada a tiempo parcial conforme a lo establecido reglamentariamente.

3. **Modificaciones en materia de adaptación de jornada (jornada a la carta)**

   Se amplía el derecho a solicitar la adaptación de la jornada de trabajo (artículo 34.8 del ET) a los trabajadores que tengan necesidades de cuidado respecto de los hijos mayores de doce años, el cónyuge o pareja de hecho, familiares por consanguinidad hasta el segundo grado, así como de otras personas dependientes cuando, en este último caso, convivan en el mismo domicilio y, por razones de edad, accidente o enfermedad no puedan valerse por sí mismos, debiendo justificar las circunstancias en las que se fundamenta su petición.

4. **Permisos retribuidos**

   Se introducen las siguientes novedades en materia de permisos en el artículo 37 del ET:

- Se prevé un permiso de quince días naturales en caso de registro de pareja de hecho.

- Se prevé un permiso retribuido de cinco días por accidente o enfermedad graves, hospitalización o intervención quirúrgica sin hospitalización que precise reposo domiciliario del cónyuge, pareja de hecho o parientes hasta el segundo grado por consanguinidad o afinidad, incluido el familiar consanguíneo de la pareja de hecho, así como de cualquier otra persona distinta de las anteriores, que conviva con el trabajador en el mismo domicilio y que requiera el cuidado efectivo de aquella.

- Se amplía el permiso retribuido de dos días por el fallecimiento del cónyuge, o parientes hasta el segundo grado de consanguinidad o afinidad a las parejas de hecho. Los trabajadores tendrán derecho a ausentarse del trabajo por causa de fuerza mayor cuando sea necesario por motivos familiares urgentes relacionados con familiares o personas convivientes, en caso de enfermedad o accidente que hagan indispensable su presencia inmediata. Los trabajadores tendrán derecho a que sean retribuidas las horas de ausencia por las causas indicadas equivalentes a cuatro días al año, conforme a lo establecido en convenio colectivo o, en su defecto, en acuerdo entre la empresa y la representación legal de los trabajadores aportando los trabajadores, en su caso, acreditación del motivo de ausencia.

5. **Nuevos supuestos de reducción de jornada y excedencia por cuidado de familiares**

Se prevé la reducción de jornada y la excedencia por cuidado de familiares para quien precise encargarse del cuidado directo del cónyuge o pareja de hecho, o un familiar hasta el segundo grado de consanguinidad y afinidad, incluido ahora el familiar consanguíneo de la pareja de hecho, que por razones de edad, accidente o enfermedad no pueda valerse por sí mismo, y que no desempeñe actividad retribuida.

En el ejercicio de este derecho se tendrá en cuenta el fomento de la corresponsabilidad entre mujeres y hombres y, asimismo, se evitará la perpetuación de roles y estereotipos de género.

6. **Coincidencia en la misma empresa de los dos progenitores que disfrutan de permisos de lactancia, reducción de jornada o excedencia por cuidado de hijos**

Se podrá limitar su ejercicio simultáneo por razones fundadas y objetivas de funcionamiento de la empresa, debidamente motivadas por escrito, debiendo en tal caso la empresa ofrecer un plan alternativo que asegure el disfrute de ambos trabajadores y que posibilite el ejercicio de los derechos de conciliación.

7. Nuevas causas de nulidad del despido

Se introduce como causa de nulidad del despido el disfrute del permiso parental, la solicitud del permiso por accidente o enfermedad graves, hospitalización o intervención quirúrgica sin hospitalización que precise reposo domiciliario del cónyuge, pareja de hecho o parientes hasta el segundo grado por consanguinidad o afinidad, incluido el familiar consanguíneo de la pareja de hecho, así como de cualquier otra persona distinta de las anteriores, que conviva con el trabajador en el mismo domicilio y que requiera el cuidado efectivo de aquel y aquellos supuestos en los que el trabajador haya solicitado o esté disfrutando de una adaptación de jornada.

La más reciente normativa respecto a medidas de conciliación se encuentra en el Real Decreto Ley 2/2024, de 21 de mayo, (...) para completar la transposición de la Directiva (UE) 2019/1158 del Parlamento Europeo y del Consejo, de 20 de junio de 2019, relativa a la conciliación de la vida familiar y la vida profesional de los progenitores y los cuidadores, y por la que se deroga la Directiva 2010/18/UE del Consejo.

Actividades

3.1. Cuando nos referimos al principio de igualdad de trato entre mujeres y hombres, hablamos de:

   a) Igualdad real.

   b) Igualdad legal.

   c) Igualdad de género.

3.2. ¿Cómo se denominan las pautas de acción, comportamiento y expectativas asignadas según el género?

   a) Prejuicio de género.

   b) Estereotipo de género.

   c) Rol de género.

3.3. Cuando una persona es tratada de manera menos favorable que otra en razón de su sexo, estamos ante una:

   a) Acción positiva.

   b) Discriminación indirecta.

   c) Discriminación directa.

3.4. ¿Cómo se denominan los instrumentos fundamentales para conseguir la igualdad en el ámbito laboral?

   a) Planes de igualdad y registro retributivo.

   b) Planes retributivos.

   c) Planes equitativos y registro de salarios.

3.5. Según los últimos datos (año 2023), ¿cuál es el sector de mayor contratación femenina?

   a) Industria.

   b) Servicios.

   c) Agricultura.

3.6. ¿Cuál es la duración máxima del permiso parental incluido en el artículo 48 bis del Estatuto de los Trabajadores?

a) Seis semanas.

b) Dieciséis semanas.

c) Ocho semanas.

3.7. ¿Qué permiso corresponde por accidente o enfermedad grave de la pareja de hecho?

a) No corresponde permiso.

b) Cinco días retribuidos.

c) Dos días retribuidos.

3.8. El ejercicio del derecho a reducción de jornada y excedencia por cuidados de familiares:

a) Corresponde a la mujer trabajadora exclusivamente.

b) Corresponde, según el principio de corresponsabilidad, a hombres y mujeres por igual.

c) No está contemplado como derecho de las personas trabajadoras.

3.9. En el caso de registro como pareja de hecho:

a) Corresponde un permiso de 15 días naturales.

b) Corresponde un permiso de 15 días hábiles.

c) No corresponde permiso al no tratarse de matrimonio.

3.10. ¿Qué clases de empresas deben contar con un registro retributivo?

a) Las empresas que contraten a mujeres.

b) Todas las empresas.

c) Las empresas de más de cien trabajadores.